I0036218

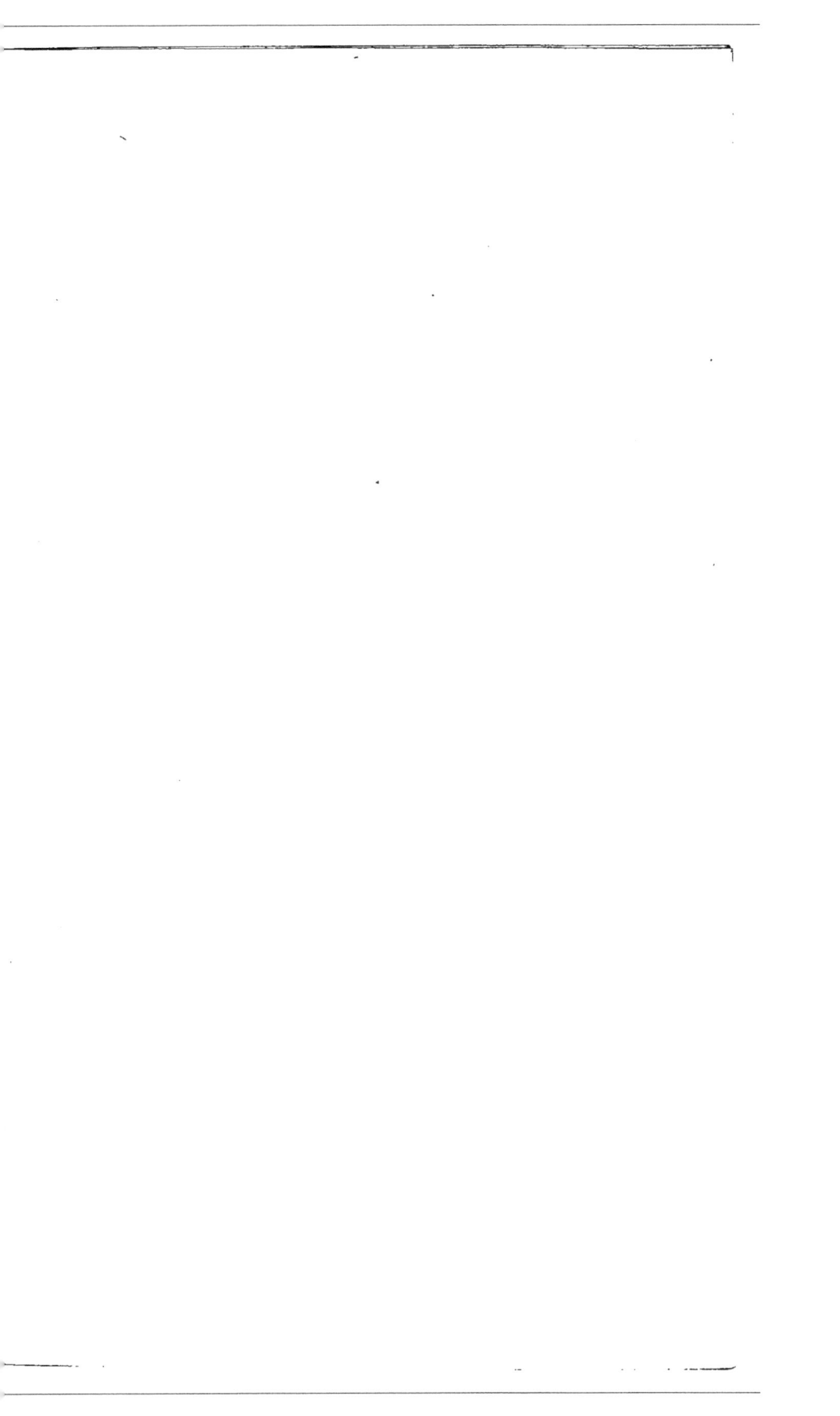

38130

DE LA PUBLICITÉ

DES

PRIVILÉGES et HYPOTHÈQUES

ET

DE LA CLASSIFICATION DES PRIVILÉGES

Havre — Imprimerie Alph. LEMALE

ÉTUDES

SUR

LES FORMALITÉS NÉCESSAIRES A LA PUBLICITÉ

DES

PRIVILÉGES ET HYPOTHÈQUES

ET

SUR LA CLASSIFICATION DES PRIVILÉGES

Par Ferd. LAIGNEL

AVOCAT, ANCIEN NOTAIRE

BIBLIOTHÈQUE

PARIS

Chez **VIDECOQ**, Libraire, Place du Panthéon

1846

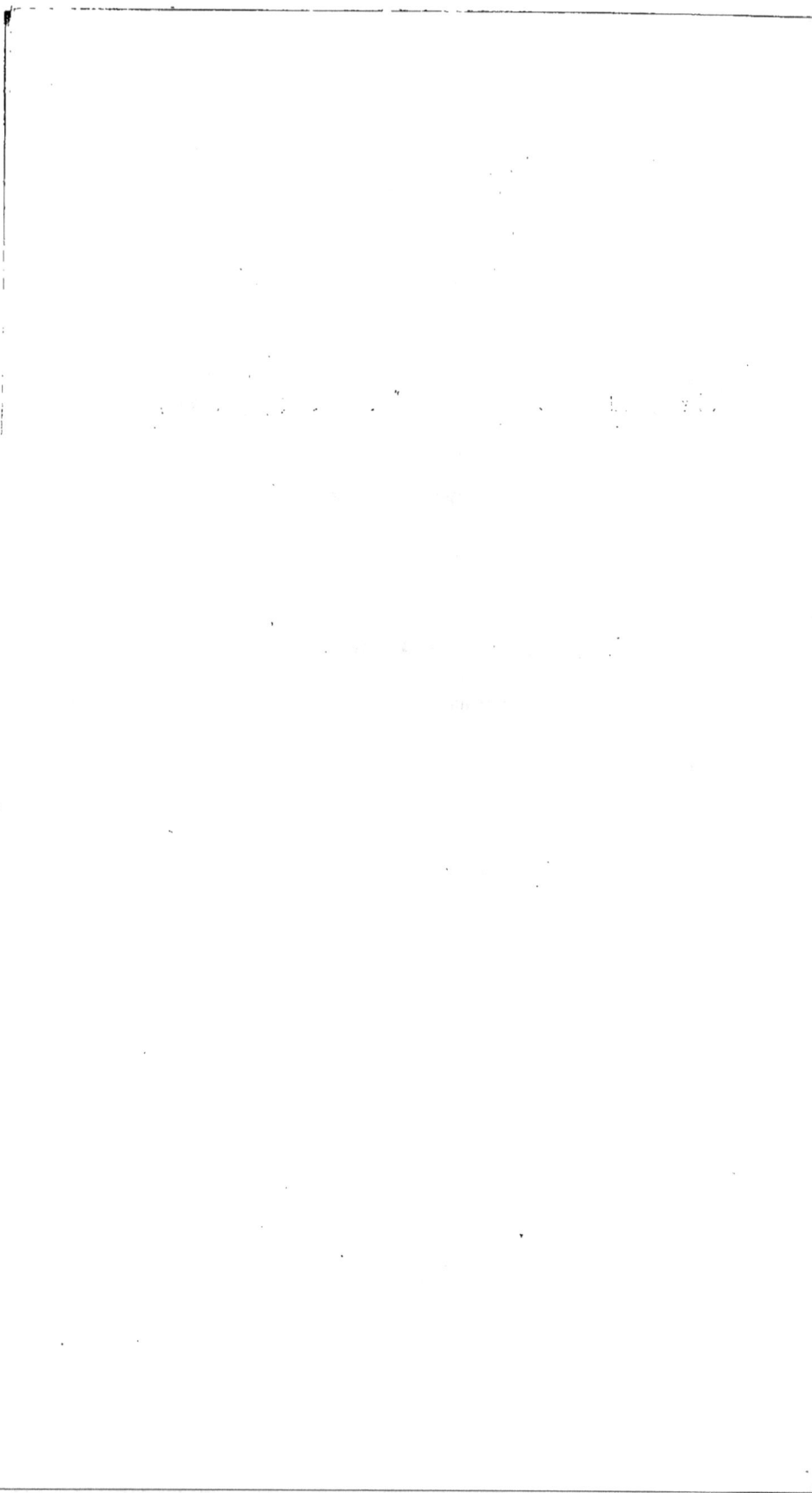

DE LA PUBLICITÉ

DES

PRIVILÉGES et HYPOTHÈQUES

ET

DE LA CLASSIFICATION DES PRIVILÉGES

CHAPITRE PREMIER.

BUT DE L'OUVRAGE.

La nécessité d'une réforme hypothécaire est à peu près universellement reconnue. Le Gouvernement lui-même s'est ému des vices qui sont, à bon droit, reprochés au système actuel ; les travaux des Cours et des Facultés du Royaume, publiés par ordre de M. le Ministre de la Justice, en font foi. Après ce remarquable ouvrage, dans lequel presque toutes les difficultés ont été soumises à l'appréciation de l'élite des hommes compétents sur cette matière, la science peut être censée avoir dit son dernier mot ; mais comme il s'agit en définitive des formalités à prendre pour parvenir à une publicité plus réelle que celle qui existe aujourd'hui, les praticiens peuvent encore avoir à proposer des réflexions qui ont échappé à la théorie la plus savante. Aussi toute prétention à la science est écartée de cet ouvrage, et l'on n'y trouvera que l'exposé de formalités suggérées par l'expérience et la pratique.

CHAPITRE DEUXIÈME.

DÉFINITION DE CE QUI EST NÉCESSAIRE A UN BON SYSTÈME
HYPOTHÉCAIRE.

Un système hypothécaire n'est complet qu'à la condition : 1° d'offrir à ceux qui veulent soit placer leurs fonds sur hypothèque, soit faire une acquisition d'immeubles, une garantie suffisante qu'ils ne courent aucun danger, ou au moins le moyen d'arriver à connaître quels dangers ils peuvent avoir à courir; 2° de ne point gêner par des entraves inutiles les emprunteurs ou les vendeurs.

Si une de ces deux conditions vient à défaillir, le crédit, du moins le crédit hypothécaire, se trouve considérablement altéré. Dans le premier cas, ce sont les capitalistes qui ne veulent pas, si ce n'est à des conditions onéreuses pour les détenteurs d'immeubles, faire courir à leurs fonds des dangers qui ne peuvent être bien prévus ; dans le second, ce sont les détenteurs d'immeubles qui se trouvent empêchés de recourir aux capitalistes. La cause est différente, mais l'effet est le même. D'un côté, les propriétaires, qui, faute de capitaux, qu'ils ne peuvent trouver avec des garanties réelles, mais sur lesquelles pèse d'un poids incalculable l'incertitude de dangers inconnus, cherchent en vain à se livrer à l'industrie, ou à faire sur leurs biens des améliorations nécessaires ; d'autre côté, les capitalistes qui ne savent que faire de leurs capitaux, dont l'industrie et l'agriculture ont si grand besoin.

Le problème que pose à résoudre la question de la réforme hypothécaire peut donc se formuler ainsi : *Trouver moyen de mettre les tiers qui veulent contracter avec des détenteurs d'immeubles à même de savoir s'ils n'ont aucun danger à courir, ou d'avoir une connaissance suffisante des dangers qui peuvent les menacer ; et indiquer l'application pratique de ce moyen, de telle sorte que les propriétaires ne souffrent pas d'autres entraves que celles qu'exige nécessairement la nature des propriétés immobilières.*

Car un propriétaire d'immeubles ne peut pas raisonnablement espérer qu'il pourra jamais disposer d'un fonds de terre ou d'une maison comme il ferait d'un meuble qui passe de main en main. L'organisation de notre état de société, et peut-être même la nature des choses, ne permettent pas d'arriver à ce résultat.

CHAPITRE TROISIÈME.

DU SYSTÈME D'IMMATRICULE

La nécessité de donner aux tiers les moyens d'avoir connaissance des droits de propriété immobiliers, et des charges réelles imposées sur les immeubles, est si évidente, que dans tous les temps on a essayé d'y parvenir. Les poteaux fixés sur les propriétés grévées, la tradition exigée pour transférer le droit absolu de propriété, les coutumes de vest et dévest, l'ensaisinement, l'insinuation, l'enregistrement, la transcription, l'inscription, ont été des moyens plus ou moins heureux employés pour parvenir à ce résultat. Mais ces divers systèmes ne pouvaient apporter que des remèdes insuffisants ; ils ne font connaître qu'une partie des actes dont la connaissance est indispensable. Prenant pour *base unique* les propriétés immobilières, qui ne peuvent en droit être jamais considérées que *comme attachées aux personnes*, ils n'ont pas eu assez d'égard *aux personnes en faveur desquelles le droit civil a été établi* (1), et auxquelles toutes les dispositions législatives viennent en définitive aboutir.

En effet, qu'importe que l'on puisse savoir d'une manière certaine sur quelle tête une propriété immobilière repose et même tous les droits réels qui la grèvent, si l'on peut être induit en erreur sur la capacité civile du propriétaire, et si quelque incapacité qu'il n'a pas été possible de connaître vient, malgré toutes les précautions prises, annuller non pas seulement l'hypothèque, mais la convention même dont l'hypothèque n'est qu'un accessoire. La capacité des personnes ne peut donc, en aucun cas, manquer de dominer toute espèce de système, et c'est jusqu'à elle qu'il faut nécessairement remonter pour pouvoir résoudre toutes les difficultés d'une manière satisfaisante. Autrement, on ne pourra voir qu'un côté, et le côté le moins élevé de la question.

(1) Cum igitur hóminum causâ omne jus constitutum sit... *D. de Stat. Homin.*, *lib. I.*, *t. 5*, *fr. 2.*

Partant de ce principe, la plupart des auteurs qui se sont occupés de la réforme hypothécaire, sont logiquement arrivés à un *système d'imma-tricule* qui s'efforce de rendre publics tous les actes concernant la capacité civile des personnes.

Mais quand on vient à examiner ce système, on est tout d'abord effrayé des changements qu'il entraîne avec lui, et des obstacles que sa mise en pratique ne peut manquer de rencontrer.

En effet, les rédacteurs du Code Civil, n'ayant égard qu'aux immeubles, ont pu ratta-tacher toutes les formalités de la publicité à un lieu fixe et bien déterminé, à la situation de ces immeubles qui ne peut changer. Mais il n'en est pas de même des personnes ; elles changent souvent de place, à notre époque surtout, où il semble qu'une force secrète entraîne chacun à chercher fortune loin de son pays. Comme il n'y a que deux événements auxquels tous les hommes, sans exception, sont invariablement soumis, la naissance et la mort, force est bien à tous les partisans d'un système quelconque d'immatricule, de faire pivoter tout le mécanisme de leurs opérations, sur celui de ces deux événements qui est à leur disposition, et le lieu de la naissance a dû nécessairement, dans tous ces systèmes, remplacer le lieu de la situation des biens dans le système du Code.

Par ces nouvelles dispositions, notre Code Civil se trouverait radicalement changé.

Et encore avec ces innovations, arriverait-on au résultat qu'elles semblent promettre?

A l'aide de ce système, ses partisans se flattent d'obtenir, en matière d'hypothèques, une certitude entière, absolue.

Pour cela, il faut d'abord, que de tous les actes concernant la capacité civile des personnes, ou des modifications de droits réels sur les immeubles, pas un seul ne puisse échapper à l'inscription.

Nous allons examiner si cette espérance est bien solidement fondée.

1° Les actes sujets à l'inscription peuvent être passés par les parties loin de leur domicile, il faudra les envoyer au lieu où l'inscription doit s'opérer; est-on bien assuré que cet envoi ne souffrira jamais de retard? Les moyens employés pour faire arriver ces actes à leur destina-

tion, seront-ils tellement infaillibles que jamais aucun ne se trouve égaré? Et en cas
de retard dans l'envoi, ou de perte de ces
actes, qui devra supporter les conséquences de
cet événement? Sera-ce les parties? Alors la
capacité civile des citoyens pourra dépendre
du plus ou moins d'exactitude d'un facteur de
la poste aux lettres. Sera-ce les tiers? La certitude absolue que se promettent les partisans
de ce système, se trouve ainsi singulièrement
altérée.

2º Il faut un certain délai, pour que les actes
arrivent au lieu où ils doivent être inscrits;
parmi eux quelques uns, comme les actes de
naissance, par exemple, peuvent n'être rédigés
que plusieurs jours après l'événement; les conventions devront donc rester en suspens durant
un espace de temps qui peut être assez long; car
il peut arriver qu'un acte concernant la capacité
civile d'une personne domiciliée à une extrémité de la France, soit passé à l'autre extrémité.
Et si cet acte était passé dans une de nos colo-
nies, aux Antilles, à Bourbon, à Pondichéry, la
capacité civile des citoyens demeurerait-elle in-
certaine pendant tout le temps nécessaire pour

qu'un navire apporte cet acte en France? Et si ce navire fait naufrage?

3° La difficulté devient encore plus considérable en ce qui concerne les actes passés à l'étranger. En effet, il n'est pas possible d'imposer aux fonctionnaires étrangers les prescriptions que le Gouvernement peut imposer à ses employés en France. Ce sera donc, en ce cas, aux parties, et à elles seules, qu'incombera le soin de remplir les obligations, assez compliquées, nécessaires à la conservation de leurs droits. Doit-on espérer qu'elles les rempliront toujours avec l'exactitude nécessaire?

4° Mais je veux bien pour un instant supposer que tous les actes arriveront à la Conservation avec une précision infaillible, écarter tous les autres inconvénients du système d'immatricule, doit-il s'ensuivre que ce système permette d'arriver à cette certitude absolue dont il fait tant de bruit? Pas encore. Ce ne sont pas seulement des *actes* qui influent sur la capacité civile des personnes et sur leurs droits mobiliers; certains *faits* produisent aussi cet effet: or on ne peut soumettre ces *faits* à la formalité de l'inscription. Pour n'en citer qu'un exemple: la prescription acquise par le fait d'une possession prolongée pendant le temps requis par la loi, comment la Conservation en donnera-t-elle connaissance?

5° Toutes les inscriptions dans ce système devant s'opérer au lieu du domicile des personnes, on pourra, quand on contractera directement avec un tiers, exiger les justifications nécessaires; mais si l'on obtient un jugement par défaut contre un tiers, comment pourra-t-on le faire inscrire, rien n'indiquant dans ces jugements même passés en force de chose jugée, le lieu où la partie adverse a un compte ouvert à la Conservation des Droits Personnels? Par la même raison, comment inscrire les actes de naissance d'enfants abandonnés, ou les actes de décès de personnes demeurées inconnues? Inscrira-t-on au lieu où l'événement est arrivé? La même personne pourra-t-elle ainsi avoir deux comptes ouverts?

6° Pour que tous les actes de l'état civil parviennent avec régularité à la Conservation, il faut nécessairement recourir à l'intervention des Maires des Communes. Or qui ne sait combien il est difficile d'obtenir une scrupuleuse

exactitude de ces officiers, qui sont assez rare-
ment pénétrés de toute l'importance de leurs
fonctions, dont un grand nombre, surtout dans
les campagnes, n'a que des connaissances très
bornées, et qui, n'étant pas salariés, ne sont
pas soumis à la puissance de l'Administration,
comme peuvent l'être des employés ordinaires.
Jamais un officier municipal, un maire, n'exé-
cutera les injonctions de l'Administration avec
la précision et la rigueur que l'on peut demander à un commis. Or la plus rigoureuse exactitude est la première condition de l'établissement d'une Conservation des Droits Personnels.

7° Une seule conservation au chef-lieu de
chaque arrondissement ne sera plus suffisante.
D'abord le Conservateur ne pourrait pas toujours
recevoir dans les courts délais qui seraient fixés,
les renseignements qui doivent lui parvenir de
chacune des communes de son ressort; puis il
ne pourrait suffire à la masse effrayante d'écritures qui chaque jour inonderaient son bureau.
Il faudrait donc diviser les Conservations non
plus par arrondissements, mais par cantons.
Cette division ne serait pas sans inconvénients,
mais elle ne porterait pas encore remède à l'en-

combrement résultant des innombrables renseignements qui doivent aboutir à cette Conservation dans le système dont nous nous occupons
en ce moment. Le calcul des comptes à ouvrir
dans chaque Conservation même ainsi réduite,
et du nombre de volumes que le Conservateur
sera tenu d'avoir chaque jour sous la main, pour
y puiser les mille renseignements qui lui seront
demandés à tout instant, doit donner lieu à de
graves réflexions.

Comptes

Dans un canton de 10,000 habitants,
chacun d'eux doit avoir son compte
ouvert.. 10,000

Mais comme ces comptes ne doivent
se clorre que par le décès des individus,
il faut les garder pendant au moins
cent ans, et y joindre tous ceux qui
seront ouverts, par suite des naissances
arrivées dans la commune, pendant
ce long espace de temps. En supposant
une naissance sur quarante individus,
cela en ferait par an 250, et par siècle
25,000. Ce serait donc 25,000 comptes
à ouvrir sur les registres.................... 25,000

à *Reporter*.................... 35,000

Report..................... 35,000

Il faut penser encore que diverses circonstances forceront quelques personnes à faire reporter leurs comptes de la commune de leur origine, au lieu de leur établissement dans le canton. En évaluant ce nombre à 10 par an, cela forme pour un siècle........ 1,000

Total des Comptes qui doivent être portés sur les Registres que le Conservateur aura journellement à consulter 36,000

Volumes

Pour inscrire ces comptes à raison de deux par page, dans des volumes contenant chacun 200 folios, il faudrait.. 45

En supposant cinq actes à inscrire par personne (et ce calcul est très modéré, si l'on pense à tous les actes qui doivent être soumis à l'inscription, et si l'on ne perd pas de vue qu'il n'y a pas de compte qui ne comprenne au moins deux inscriptions, l'acte de naissance

à Reporter.................. 45

Report.....................	45

et l'acte de décès), il serait besoin de volumes semblables au nombre de...... 450

Enfin la table du répertoire ne demanderait pas moins de...................... 15

Total des Volumes.................... 510

A la Conservation d'une ville de 100,000 habitants, il y aurait donc, en suivant ce calcul, 360,000 comptes ouverts et 5,100 volumes d'un usage journalier.

Et à Paris, si l'on y suppose un million d'habitants, il faudrait 3,600,000 comptes ouverts et 51,000 volumes ! La table du répertoire (qui est la plus simple expression que l'on puisse trouver, puisque c'est la table d'une table) se composerait de 1,500 volumes ! Il y a plus d'une Conservation de chef-lieu d'arrondissement, qui n'en a pas un aussi grand nombre dans ses bureaux.

Pour faire disparaître une partie de ces inconvénients, quelques auteurs ont proposé de ne pas inscrire les enfants dont le décès suivrait de peu de jours la naissance. D'abord ce ne serait qu'un palliatif bien impuissant ; car, vu le

court délai qui devrait être fixé pour l'inscription des actes de naissance, cette restriction ne
s'appliquerait qu'à un très petit nombre d'enfants. Mais en outre ce remède offrirait bien
d'autres inconvénients. Il peut s'ouvrir des
droits, une hérédité, par exemple, au profit
d'un enfant qui n'aurait vécu que quelques
jours, que quelques heures, peut-être ; des conventions peuvent être annullées ou complétées
par la survenance d'un enfant, et le grand
avantage que l'on espère retirer du système
d'immatricule , cette certitude absolue dont on
proclame si haut le besoin, se trouverait ainsi
évanoui. Le Conservateur devrait donc inscrire
la naissance de tous les enfants, même de ceux
qui pourraient n'être pas nés viables ; car c'est
un fait dont on ne doit pas le constituer juge.

Ainsi, il est très douteux, comme nous l'avons
dit au commencement de ce chapitre, qu'un
système d'immatricule puisse donner les mer-
veilleux résultats que s'en promettent quelques
réformateurs enthousiastes ; mais, en outre, il
présente de telles difficultés dans la pratique,
que sa mise à exécution doit, je crois, être considérée comme à peu près impossible.

2

L'imagination recule devant les montagnes d'écritures que ce système amoncèlerait. Il n'est pas de praticien éclairé qui ne voie que le Conservateur ne pourra par lui-même surveiller toutes les parties des immenses détails qui l'accableront de tous côtés ; qu'au milieu de cette masse de volumes, avec une table de matières comprenant à elle seule autant de volumes que souvent il en entre dans un bureau, une table contenant près de 4,000,000 de noms propres, sur lesquels doivent rouler les recherches, de fréquentes erreurs viendront à se glisser ; et que la responsabilité du Conservateur, qui n'est souvent qu'une fiction imposante, ne tardera pas, quand elle sera si fortement mise en jeu, à perdre une partie du prestige qu'elle a tant besoin de conserver.

Est-il besoin de parler des frais énormes auxquels ne peut manquer de donner lieu cette masse d'écritures ?

Assurément le système d'immatricule est le plus logique de tous ceux que l'on peut présenter : en théorie il est admirable, mais, malheureusement , je le crois inexécutable dans la pratique.

CHAPITRE QUATRIÈME.

DE QUELQUES MESURES A EMPLOYER POUR ARRIVER A
CONNAITRE LA CAPACITÉ CIVILE DES PERSONNES, SANS
RECOURIR A L'ÉTABLISSEMENT DE LA CONSERVATION
DES DROITS PERSONNELS.

Je crois qu'en cherchant à donner aux actes
qui doivent intéresser les tiers une publicité
réelle, le législateur ne doit pas chercher une
certitude absolue que ne comportent pas les
affaires humaines; il faut qu'il se contente de
mettre chacun à même de prendre des précautions suffisantes pour être entièrement rassuré
sur les dangers qui peuvent être à craindre, ou
pour bien apprécier ceux qui restent à courir.
Mais, quoi qu'on fasse, les imprudents, qui n'apportent pas dans leurs affaires l'attention nécessaire, devront toujours être victimes de leur
négligence; et un rouage aussi compliqué que

la Conservation des Droits Personnels ne doit être introduit dans le mécanisme administratif, que s'il est absolument indispensable. S'il ne doit avoir pour effet que de rendre plus faciles des recherches qui pourraient, à la rigueur, être conduites à bonne fin sans lui, il faut bien se garder de se jeter dans des réformes, des innovations, dont la pratique seule fait ordinairement apercevoir, mais trop tard, les fâcheuses conséquences.

Séduit aussi, au premier abord, par la brillante théorie du système d'immatricule, et obéissant à cette disposition naturelle de l'esprit, qui, dès qu'une idée lui a paru véritablement juste et utile, s'irrite contre les obstacles matériels qu'il rencontre, et se roidit contre eux de toute sa puissance, avant de leur céder, j'ai longtemps, mais inutilement, cherché le moyen de faire disparaître les inconvénients dont j'ai parlé dans le chapitre qui précède; mais tandis que je dirigeais mes études en ce sens, ayant dressé avec le plus grand soin la nomenclature des actes dont l'inscription serait nécessaire sur les registres de la Conservation des Droits Personnels, j'ai cru m'apercevoir que la publicité acquise par ce moyen n'aurait d'utilité réelle et indispensable que dans les cas suivants :

1° Quand des époux déclarent qu'ils sont mariés sans contrat, il n'existe aucun moyen de vérifier si leur déclaration est exacte. Cependant ils sont peut-être mariés sous le régime dotal, qui empêche que les obligations de la femme et les aliénations de ses biens dotaux ne soient valables; ils peuvent, même sous un autre régime, avoir apporté à l'administration du mari des restrictions, qui soient l'équivalent, ou à peu près, du régime dotal. C'est là une cause journalière de craintes et de fraudes qu'il importe de faire cesser; mais le moyen a été depuis longtemps indiqué. Il consisterait à exiger que l'officier de l'état civil qui procède à la célébration du mariage, fût tenu de faire mention dans cet acte, sur l'interpellation qu'il adresserait aux parties, qu'elles n'ont pas fait de contrat, ou, si elles en ont fait un, de sa date et du nom, avec la résidence du notaire qui l'aura reçu. Pour éviter les erreurs, les notaires, en recevant un contrat de mariage, devraient délivrer aux parties, lors de la signature de l'acte, et sans qu'il soit

besoin d'attendre son enregistrement, un certificat comprenant la mention que doit faire l'officier de l'état civil, et ce certificat serait repré-
senté lors de la célébration. La déclaration
contenue à l'acte de mariage, ou dont cet acte
aurait été émargé, si elle n'avait pas été faite
lors de la célébration, pourrait seule être opposée par les époux aux tiers.

2° L'on ne peut presque jamais être bien sûr
qu'un héritier, à un degré un peu éloigné, ne
doit pas être écarté par un autre héritier plus
proche, qui est d'abord inconnu; même au degré le plus proche, on ne peut jamais être assuré
qu'un testament ne viendra pas détruire les
droits de l'héritier, ou porter à ces droits une
grave atteinte. Il en résulte que les conventions
arrêtées avec un héritier peuvent, malgré
toutes les précautions, se trouver annullées
par l'apparition inattendue d'un héritier qui
était resté inconnu, ou d'un testament que
l'on avait ignoré.

Je sais que la jurisprudence s'efforce, autant
qu'il lui est possible, de porter remède au mal ;
ainsi la plus grande partie des Cours Royales
(non pas toutes cependant) valident la vente

faite de bonne foi entre le vendeur et l'acquéreur. Mais ce n'est qu'un palliatif bien impuissant. Qui peut, par exemple, assurer à l'acquéreur que le vendeur est de bonne foi ? Et puis
on sait à quelles fluctuations la jurisprudence
est sujette, et des droits aussi importants sur
lesquels repose souvent tout l'avenir des fa-
milles, ne peuvent pas être abandonnés à l'incertitude d'arrêts qui se contredisent journellement.

Pour remédier à cet inconvénient, en dehors
de l'établissement de la Conservation des Droits
Personnels, je ne vois qu'un moyen, que voici :
Les partisans du système d'immatricule, ne
trouvant à leur disposition qu'un seul événement qui soit commun à tous les hommes, et
qu'aucun fait postérieur ne peut changer, la
naissance, ont été forcés de l'adopter pour base,
et de faire inscrire, au lieu où cet événement est
arrivé, tous les actes qui pendant la vie influent
sur la capacité civile. Dans l'espèce qui nous
occupe, au contraire, il s'agit d'une succession
déjà ouverte, le décès a irrévocablement arrêté
toutes les modifications que la capacité civile
du défunt pouvait recevoir ; s'il peut y avoir

quelque incertitude sur l'héritier, il ne peut y en avoir aucune sur le fait du décès même, pour ceux qui traitent avec les héritiers en leur qualité, quels qu'ils soient, apparents ou réels. On peut donc faire faire les inscriptions nécessaires en ce cas, au lieu où la succession s'est ouverte, ou à Paris, si la succession s'est ouverte à l'étranger, et sans créer une institution nouvelle, les effectuer à la Conservation des Droits Réels qui existe aujourd'hui.

Je proposerais à cet égard d'ordonner que les héritiers pourraient faire inscrire, au bureau des hypothèques du lieu de l'ouverture de la succession, un acte de notoriété ou un extrait d'inventaire, attestant leur qualité d'héritiers, et mentionnant les donations et les testaments qui exerceraient quelque influence sur cette qualité, ou attestant qu'il n'y en a pas de connus. Après cette inscription, tous actes d'administration seraient valablement faits par les héritiers connus, qui, même auparavant, pourraient faire tous actes conservatoires ; et pour les actes qui excèdent le pouvoir ordinaire des administrateurs, il faudrait, pendant une année à partir du décès, obtenir l'autorisation du tribunal, qui serait libre soit de la refuser soit d'y apposer telles conditions qu'il jugerait convenables.

Les héritiers qui se présenteraient plus tard, les légataires et donataires devraient faire inscrire, les premiers, un acte de notoriété ou un extrait d'inventaire, ainsi qu'il a été indiqué ; les autres le testament ou la donation où ils puisent leurs droits ; et s'ils ne faisaient faire cette inscription que plus d'une année après le décès, ou, même avant l'expiration de l'année, après les conventions qu'auraient arrêtées les héritiers apparents sur l'autorisation du tribunal, ils conserveraient leur recours contre ces héritiers; mais ils ne pourraient inquiéter les tiers qui auraient valablement traité sur le vu des inscriptions et des autorisations dont il vient d'être parlé.

3° On peut ne pas connaître un mariage dissous depuis bien des années, ou quand les époux vivent depuis longtemps loin l'un de l'autre, séparés soit par un jugement soit seulement de fait.

Deux espèces de dangers peuvent naître de cette ignorance; il est possible que les tiers se trouvent primés par une hypothèque légale qu'ils ne pouvaient prévoir, ou le mari peut vendre comme appartenant à lui seul des biens qui ont fait partie de la communauté, et dont il n'est propriétaire que pour moitié, quoiqu'ils figurent dans les titres à son nom seul.

Dans le premier cas, on y remédie en partie, si les hypothèques légales des femmes ne sont plus dispensées de l'inscription après la dissolution du mariage, ou la séparation soit de biens, soit de corps et de biens (1), il n'y a plus ainsi de danger à craindre que pour le cas d'un mariage ignoré pendant sa durée même, et sans qu'il y ait eu de séparation judiciaire.

En ce qui concerne les ventes de biens ayant dépendu d'une communauté, le danger n'est à craindre, au contraire, qu'après la dissolution du mariage ou de la communauté, et c'est précisément alors qu'il est plus difficile à reconnaître, surtout si l'on suppose que le mari a pu rester en possession de la part revenant à sa femme, à titre d'usufruitier par exemple.

Mais l'établissement de la Conservation des Droits Personnels ne serait même pas un re-

(1) V. le Chap. 9, § 2, qui traite de l'hypothèque légale des femmes mariées.

mède suffisant sur ce point ; car si le mariage a
été contracté ou se trouve dissous à l'étranger,
aucune prescription de la loi française ne peut
être imposée aux fonctionnaires d'une autre na-
tion, il n'en sera donc peut-être pas question
sur les registres de cette conservation, les inconvénients ci-dessus signalés pourront en grande
partie se rencontrer dans ces circonstances, et
la Conservation des Droits Personnels ne les
aura pas prévenus. On pourra, à l'aide de
quelques recherches, éclaircir le fait, si l'on connaît tous les domiciles successifs des époux ; car
au lieu du domicile qu'ils occupaient quand ils
se sont mariés, ce fait a dû avoir un certain
retentissement, et la vérification, si elle se
borne à un endroit, n'est pas difficile ; mais si
on ne connaît pas bien exactement tous ces domiciles, il sera toujours impossible, quelles
que soient les précautions prises par la loi,
d'avoir à cet égard une entière certitude (1).

4° La séparation de biens, et la séparation
de corps et de biens, sont précédées de formalités qui leur donnent une publicité bien réelle ;
cependant, après quelques années, si les époux

(1) Voyez les mesures proposées plus bas sous le N° 8.

ont changé de domicile, quelques uns des inconvénients qui viennent d'être signalés peuvent se rencontrer, et donnent lieu aux mêmes observations (1).

5° Le rétablissement de la communauté entre des époux séparés judiciairement, autorisé par l'art. 1451 du Code Civil, ne me paraît pas soumis à des mesures de publicité assez complètes (l'affiche dans la principale salle du tribunal de première instance et du tribunal de commerce, si le mari est commerçant), il serait bon, je crois, d'y ajouter l'insertion au journal exigé par l'art. 868 du Code de Procédure Civile pour la séparation de biens. Il me paraît naturel que la communauté ne soit rétablie qu'à l'aide du même mode de publicité qui avait été suivi pour en prononcer la dissolution.

Même avec cette amélioration, on peut encore craindre des dangers semblables à ceux signalés pour la séparation (2).

6° Les mêmes inconvénients se présentent au sujet d'un failli qui n'a pu obtenir de concordat, et qui change de domicile. Longtemps

(1, 2) Voyez les mesures proposées plus bas sous le N° 8.

après, une succession, par exemple, vient à lui échoir, ses créanciers l'ont perdu de vue, les habitants du pays où il fait sa demeure, n'ont pas eu connaissance de la faillite, et arrêtent avec lui, comme s'il était maître de ses droits, des conventions que l'union des créanciers fera annuller plus tard.

L'établissement de la Conservation des Droits Personnels n'empêcherait pas toujours d'avoir ce danger à craindre ; car le lieu de la naissance d'un failli non-concordataire peut quelquefois rester inconnu, et ainsi aucune formalité ne pourra être accomplie (1).

7° Des réflexions semblables peuvent être faites au sujet des cessions de biens volontaires et judiciaires (2).

8° On peut craindre de voir les conventions les plus légitimes annullées, si elles ont été arrêtées avec une personne privée des droits civils.

A cet égard, il faut remarquer que la privation des droits civils n'ôte la capacité de contracter que si elle résulte d'une condamnation judiciaire

_____

(1, 2) Voyez les mesures proposées plus bas sous le N° 8.

pour crime, et que cette prohibition ne dure qu'autant de temps que la peine infligée. Ainsi cette crainte peut être considérée comme à peu près chimérique. Car, ou le condamné subit sa peine, et alors on ne peut ignorer la condamnation, ou il est soit contumace, soit évadé, et dans ces deux cas il est bien difficile de penser qu'il se mêle de passer des contrats de vente ou de prêt.

Le seul moyen que je voie possible de détruire ces objets de crainte, plus ou moins réelle, serait d'admettre que dans tous les cas prévus par les numéros 3, 4, 5, 6, 7 et 8, les conventions des tiers qui auraient traité de bonne foi, et sans qu'on pût leur imputer une négligence coupable, seraient maintenues; et l'on attribuerait aux femmes, après la dissolution de la communauté, et à leurs héritiers après la dissolution du mariage, ainsi qu'aux créanciers, après le contrat d'union ou la cession de biens, le droit de faire faire sur les registres de la conservation, en marge des actes d'acquisition ou des contrats hypothécaires dépendant de la communauté, ou appartenant au débiteur qui a fait soit faillite, soit cession de biens, une anno-

tation qui donne aux tiers un avertissement,
après lequel ceux-ci ne pourraient plus invo-
quer leur bonne foi.

9° Les séparations de patrimoines.

On peut donner à ce privilége toute la publicité désirable, avec les moyens déjà indiqués
pour les successions. (N° 2 *du présent chapitre.*)

10° Les sociétés civiles ne sont, soit lors de
leur formation, soit lors de leur dissolution,
assujetties à aucune publicité, elles n'ont pas
de raison sociale, elles peuvent donc rester
forcément inconnues aux tiers. Cependant cette
ignorance peut leur porter de graves préjudices.
Par exemple, si l'acte de société stipule qu'aucun
des associés n'aura le droit d'administrer sans le
concours des autres ; l'immeuble ou la créance
qui dépendent de la société, et sur lesquels un
seul des associés figure en nom, pourront être
aliénés, touchés, etc., par cet associé seul, sans
qu'il soit possible aux tiers de connaître qu'il
agit en dehors de ses pouvoirs; après la dissolution de la société, les tiers ignoreront pareillement que ces biens ne sont pas la propriété
exclusive de celui qui en a seul la possession
apparente. Pour éviter tous ces inconvénients, on

pourrait disposer que les membres d'une société civile devront, pendant la durée de la société et après sa dissolution, respecter les actes faits par l'un d'eux avec un tiers, de bonne foi, sur les immeubles et créances hypothécaires dépendants ou ayant dépendu de la société, mais qui publiquement ne figurent qu'au nom de l'associé qui a traité. Toutefois, pour conserver leurs droits, ils pourraient former une annotation, ainsi qu'il est expliqué à la fin du § 8º.

11º Les pouvoirs du tuteur peuvent prendre fin par une émancipation ; d'un autre côté, l'émancipé peut être privé du bénéfice de l'émancipation, et rentrer en tutelle, le tuteur peut être destitué ou remplacé ; dans ces diverses hypothèses, les actes se passent sans publicité, en famille, et les tiers sont exposés à traiter avec des incapables.

Mais toutes les modifications relatives à la tutelle ne peuvent avoir lieu qu'à la suite d'actes passés à la Justice de Paix du lieu où la tutelle s'est ouverte, on pourrait ainsi en avoir facilement connaissance, pourvu que les greffiers fussent autorisés à délivrer des certificats attestant soit les changements survenus dans la tutelle, soit qu'il n'en est survenu aucun.

12° Il arrive quelquefois que le Conseil de Famille, en nommant un tuteur, impose à sa gestion certaines conditions; les tiers pourraient en avoir connaissance à l'aide des moyens indiqués sous le numéro qui précède.

13° Lorsque, usant du bénéfice des art. 391 et 392 du Code Civil, le père nomme à la mère survivante un conseil spécial, cette nomination ne reçoit aucune publicité. Si l'on décide, comme l'ont prétendu quelques auteurs, que les actes faits par la mère tutrice, sans l'assistance du conseil qui lui a été nommé, sont valables, on détruit l'effet des précautions quelquefois fort sages du père de famille, et l'on compromet les intérêts des mineurs. Si, au contraire, on pense (ce qui me semble plus rationnel) que des actes ainsi faits peuvent être annullés, les tiers qui auront effectué des paiements entre les mains de la mère tutrice, ou qui auront arrêté quelque convention avec elle dans la limite des pouvoirs ordinaires des tuteurs, seront exposés à des dangers qu'aucun acte de prudence ne pouvait prévenir.

Ne serait-il pas possible d'ordonner que, quand un acte de nomination de conseil à la mère survivante n'aurait pas été reçu par le juge de paix du lieu où s'ouvre la tutelle, une expédition devrait en être déposée pour minute au greffe de cette justice de paix, à la requête du subrogé tuteur, et sous sa responsabilité? En combinant cette mesure avec celle que je propose en faveur des mineurs au chap. 9, § 1, on peut être certain que ce dépôt ne peut manquer d'être effectué, et l'on pourra toujours procéder à une vérification facile à cet égard par les moyens indiqués aux deux numéros précédents.

14° La tutelle officieuse, extrêmement rare dans nos mœurs, est par cela même toujours publiquement connue, et l'administration des biens ainsi que de la personne du pupille, en passant au tuteur officieux, achève de donner aux tiers les indications suffisantes pour qu'ils ne puissent pas conserver à cet égard de bien grands sujets de crainte.

15° L'adoption, avec toutes les formalités dont la loi l'a enveloppée, présente aux tiers encore moins de dangers que la tutelle officieuse.

16° La tutelle des aliénés, qui ne dure que pendant le temps du séjour de l'aliéné dans les établissements publics, reçoit par cela même une publicité suffisante, et d'ailleurs le retentissement qui a toujours lieu quand une personne est enlevée de son domicile pour être placée dans un pareil établissement, est tel que les tiers qui traiteraient avec un aliéné évadé, assez adroit pour dissimuler son état mental, aurait toujours à se reprocher leur négligence ou leur précipitation, qui les ont empêchés de prendre des renseignements très faciles à obtenir; il est probable même que dans de pareils circonstances il y aurait, la plupart du temps, autre chose que de la négligence.

17° Quant aux personnes pourvues d'un conseil judiciaire ou interdites, il n'est pas à craindre que leur capacité puisse rester inconnue à des gens qui veillent attentivement aux affaires qu'ils traitent. La procédure suivie pour arriver jusqu'à l'interdiction ou la nomination d'un conseil judiciaire, a reçu une grande publicité; les traces de cette procédure restent toujours publiques dans les études des notaires et autres endroits où mention des jugements doit rester constamment affichée. Enfin, si l'on peut supposer qu'il n'est pas impossible à un homme veuf ou séparé de sa femme, après avoir changé de pays, de laisser complétement ignorer à son nouveau domicile qu'il soit ou qu'il ait été marié ; il ne peut en être de même pour un prodigue ou un interdit, qui n'a pas la liberté d'action que possède celui pour lequel il ne s'agit que de dissimuler son mariage. Au contraire, même après avoir changé de pays, le prodigue et l'interdit sont forcés, pour la plupart de leurs actions, d'avoir recours à leur conseil ou à leur tuteur, dont la surveillance ne les abandonne pas. En ce cas il est bien difficile d'être trompé, à moins d'une extrême imprudence ; et aucune loi ne pourra jamais donner de garanties contre l'imprudence.

18° Il est encore impossible, à moins d'adopter la Conservation des Droits Personnels, de savoir si une personne n'est pas ou n'a pas été chargée de tutelle. Je crois avoir porté remède à ce grave inconvénient, en indiquant les dispositions à prendre pour les tutelles des mineurs, interdits et aliénés. (Voir le Chap. 10, § 1°)

Je pense qu'à l'aide des moyens ci-dessus in-

diqués, et dont l'exécution ne me paraît pas
très difficile, une personne soigneuse pourrait
toujours avoir des renseignements suffisants
sur la capacité civile de ceux avec qui elle va
contracter, sans qu'il soit besoin de recourir à
l'établissement compliqué et dangereux d'une
Conservation des Droits Personnels.

CHAPITRE CINQUIÈME.

DE LA NÉCESSITÉ DE L'INSCRIPTION DES ACTES CONTENANT
MUTATION DE DROITS IMMOBILIERS.

Si je ne m'abuse sur les résultats que l'on peut obtenir des mesures indiquées dans le chapitre précédent, nous avons fait un grand pas ; car nous pouvons éviter des réformes radicales dont tous les dangers ne sauraient être bien prévus, et garder la conservation actuelle des hypothèques, en nous bornant à introduire dans son mécanisme quelques modifications nécessaires pour arriver à une plus entière publicité.

Dans le système qui nous régit actuellement, et dont la publicité est la base, les hypothèques ne peuvent être opposées aux tiers que lorsqu'elles ont été rendues publiques par la voie de l'inscription ; mais par, une étrange anomalie,

les transmissions de propriété d'immeubles (sauf
en ce qui concerne les donations, dont les dispositions ont été régularisées législativement
avant le titre des hypothèques) peuvent rester
occultes, la transcription étant facultative.
Cette seule restriction ruine de fond en comble
tout le système de publicité du Code; car de
quoi peut servir la connaissance plus ou moins
exacte des inscriptions hypothécaires qui frappent sur un emprunteur, si l'on ne peut être
certain qu'il est propriétaire de l'immeuble qu'il
présente pour gage.

On ne comprend pas quelle raison a pu décider les rédacteurs du Code à revenir sur les
prescriptions si sages de la loi du 11 Brumaire
an VII, qui ne permettait d'opposer aux tiers une
aliénation d'immeuble que si elle avait été tran-
scrite. On a d'autant plus lieu de s'étonner de
cette fâcheuse innovation que les art. 939 à 942
et 1069 à 1073, qui prescrivent pour les donations la même formalité qu'exigeait la loi de
Brumaire pour les aliénations de propriétés immobilières en général, devaient faire présumer
que le même principe, déjà une première fois
adopté au titre des donations, serait encore

suivi lors de la rédaction du titre des hypothèques. Aussi presque tout le monde est aujourd'hui d'accord sur la nécessité de rétablir
les sages dispositions de la loi de Brumaire, en
ce qui concerne la publicité des mutations de la
propriété immobilière (1).

Mais ces dispositions, plus satisfaisantes que
celles de notre Code, ne sont pas encore satisfaisantes, ainsi que cela résulte du chapitre qui
précède ; de plus, la loi de Brumaire, en exigeant l'inscription des hypothèques légales,
avait eu des effets désastreux pour ceux-là
même que ces hypothèques avaient mission de
protéger ; et d'un autre côté, le Code Civil , en
les dispensant de l'inscription, avait eu des
résultats non moins funestes pour les tiers. C'est
à ces divers inconvénients qu'il faut encore
porter remède aujourd'hui.

---

(1) Voir la Note 1re à la fin du Volume.

CHAPITRE SIXIÈME.

DE LA MANUTENTION DES REGISTRES DE LA CONSERVATION
DES DROITS RÉELS.

Aujourd'hui les formalités qui se remplissent à la Conservation des Hypothèques sont divisées en trois catégories : 1° sur des bordereaux on inscrit les créances hypothécaires ; 2° on transcrit littéralement les titres qui constatent une transcription de propriété, ainsi que les saisies immobilières ; 3° on mentionne en marge des inscriptions les divers changements que subit la créance ou l'hypothèque.

Convient-il de conserver cette manutention telle qu'elle existe ?

Je ferai observer à cet égard, qu'avec cette organisation, en supposant même que l'on puisse faire parvenir au bureau des hypothèques tous les actes dont la publicité est nécessaire, cette publicité ne serait pas réelle; car peu importe que l'on sache où l'on peut trouver les renseignements dont on a besoin, si les moyens de les obtenir sont si difficiles et si dispendieux, que, presque toujours, on doit être forcé de renoncer à les employer. Or, c'est ce qui arriverait inévitablement; si l'organisation actuelle ne recevait aucun changement.

En effet, comment obtenir un certificat contenant les divers renseignements dont on peut avoir besoin sur un individu ? Le conservateur, forcé de confier la besogne matérielle de son bureau à des commis souvent assez peu intelligents, ne peut que faire copier les inscriptions, transcriptions et émargements portés sur les registres. Exiger qu'il en fournisse des extraits, serait ajouter à sa responsabilité déjà si effrayante une nouvelle cause d'erreurs à peu près inévitables. Ces certificats pourraient être trouvés par les parties, tantôt trop longs et surchargés d'inutilités, tantôt insuffisants et inexacts. Ce travail, je le répète, serait matériellement impossible : D'un autre côté, il n'est pas non plus possible de laisser les parties faire elles-mêmes des recherches sur les registres. Cette concession ouvrirait la porte à des abus et à des dangers auxquels on ne doit pas exposer des registres aussi importants, et dont la perte ou les altérations ne peuvent être réparées. Il faudrait donc que les certificats à délivrer par les conservateurs fussent, comme aujourd'hui, la copie littérale des inscriptions, des transcriptions et des émargements portés sur les registres; mais alors ce serait de véritables volumes, dans lesquels les parties auraient bien de la peine à se reconnaître, et en outre ils donneraient lieu à des frais considérables, devant lesquels on serait la plupart du temps forcé de reculer.

Ceci posé, si la publicité, mais une publicité réelle est la véritable base d'un bon système hypothécaire, comme personne n'en doute; si c'est pour y parvenir que l'on tente aujourd'hui des réformes, et si cependant la formalité de la transcription littérale rend impraticable les moyens d'y arriver, il faut ou renoncer à atteindre le but, ou remplacer cette formalité par une autre qui n'ait pas ses inconvénients.

On peut substituer à la transcription littérale

ou la transcription par extrait ou l'inscription.

La transcription par extrait ne remédierait probablement pas à grand'chose. Les personnes chargées de faire cet extrait, pour ne pas mettre en jeu leur responsabilité, copieraient à peu près le titre tout entier, et nous aurions alors les inconvénients de la transcription littérale, sans avoir ses avantages ; ou si, dans leur extrait, elles venaient à omettre quelque partie essentielle, elles ne seraient pas moins compromises que si, au lieu d'un extrait, elles avaient rédigé des bordereaux d'inscription.

Reste l'inscription à faire sur des bordereaux. J'avoue que ce n'est qu'après avoir cherché inutilement une autre mesure, et m'être persuadé qu'il n'y en avait pas, que j'ai adopté celle-là. Je n'ignore pas les innombrables questions que l'inscription des hypothèques a fait naître ; or, l'inscription des titres de propriété doit offrir encore plus de difficultés.

Mais ces réflexions ne détruisent pas celles qui précèdent. Avec la formalité de la transcription, la publicité ne sera pas réelle ; faut-il donc renoncer aux réformes dont les besoins se font si impérieusement sentir ?

On ne peut pas, on ne doit pas s'y résigner ;
et puisque la transcription littérale est un obstacle invincible, puisque la transcription par
extrait aurait, à peu de choses près, les mêmes
inconvénients et de plus tous ceux de l'inscription, c'est à la formalité de l'inscription qu'il
faut s'arrêter, si on veut obtenir des améliorations véritables.

Depuis quarante années d'expériences, tous
les inconvénients de l'inscription ont été mis au
grand jour, et pendant le même temps la jurisprudence n'a cessé de les combattre. Avec les
matériaux que nous avons ainsi amassés est-il
donc impossible d'y porter remède ?

La difficulté consiste à indiquer d'une manière claire et satisfaisante toutes les énonciations que les inscriptions doivent contenir.
Mais si les rédacteurs du Code Civil ont si mal
réussi dans l'essai qu'ils en ont fait pour les
créances hypothécaires que seules ils ont soumises à cette espèce de formalité, que sera-ce
si l'on veut y assujettir l'innombrable foule des
actes qui apportent des modifications au droit
de propriété ?

Sans aucun doute, essayer de donner en cette

occasion des énonciations spéciales pour tous les cas à prévoir, serait peine perdue. Quelques efforts que l'on fasse, l'énumération serait toujours incomplète, et donnerait naissance à de nouvelles difficultés. Mais ne peut-on pas remplacer le détail des énonciations spéciales par d'autres dont la généralité embrasse tous les cas à prévoir, et mentionne en même temps une indication suffisante pour tous les cas particuliers?

Toutes les fois qu'un acte emportant hypothèque ou quelque modification de propriété a été passé, les tiers ont intérêt à connaître 1° son existence, 2° quels effets il peut avoir à leur égard. Si l'existence de cet acte n'est pas révélée, ou est mal révélée, il n'y a pas d'inscription, ou l'inscription est nulle; si, au contraire, elle n'a fait qu'omettre quelques unes des conditions qui intéressent les tiers, l'inscription doit être valable, mais les tiers ne peuvent être victimes de cette omission, et les conditions qui n'ont pas reçu la publicité requise ne doivent pas leur être opposées.

Ainsi il n'y a pas de contrat hypothécaire, s'il

ne renferme un créancier, un débiteur, une somme due, un immeuble donné en garantie, et les formalités exigées par la loi pour conférer hypothèque.

Il n'y a pas de contrat emportant modification d'un droit de propriété immobilière, sans deux personnes au moins entre lesquelles cette modification se passe, un immeuble sur lequel elle s'opère, un prix moyennant lequel elle est consentie (sauf pour les actes de libéralité, de partage, et d'échange), et les formalités qu'exige la loi pour ces sortes de contrats.

Par conséquent, l'inscription sera nulle, si elle ne contient pas une désignation de ces objets suffisante pour que les tiers non négligents et attentifs ne puissent pas être raisonnablement induits en erreur.

Ce serait des nullités absolues.

Mais dans tous ces actes on peut insérer une foule de conditions qui ne leur sont pas essentielles, sans lesquelles ils n'en existeraient pas moins, et qui peuvent exercer sur les droits des tiers une plus ou moins grande influence.

Celles de ces conditions qui ne seraient pas

rendues publiques par l'inscription ne pourraient être opposées aux tiers, et leur omission n'entraînerait qu'une nullité partielle.

Cependant les clauses de style et d'usage, ou qui résultent de la loi, n'auraient pas besoin d'être inscrites, et seraient suppléées de droit. Pour un contrat de vente, par exemple, il serait inutile d'énoncer que le vendeur a promis la garantie ordinaire; qu'il s'est réservé les revenus pendant un temps qui n'excède pas un semestre; qu'il a chargé l'acquéreur de supporter les servitudes, de payer les impositions, les assurances, les frais; qu'il a promis de supporter main-levée des hypothèques, etc.; toutes ces clauses, enfin, dont les contrats sont ordinairement surchargés, et dont quelques unes sont entièrement inutiles.

Toutefois, les inscriptions relatives aux modifications de propriété ne seraient effectuées, comme aujourd'hui les radiations et les subrogations, que sur le dépôt effectué à la Conservation d'une expédition du titre ou d'une copie certifiée par tous les contractants, si l'on continue d'admettre à la transcription les actes sous signatures privées. (1) Si l'on craint que le dépôt de ces expéditions ne soit trop encombrant pour les bureaux d'hypothèques, ou trop dispendieux pour les parties, on pourrait exiger que les actes contenant des modifications de propriété immobilière fussent rédigés en double original, dont l'un resterait déposé au bureau des hypothèques à l'appui de l'inscription. Cette mesure, qui n'augmenterait guère les frais, aurait en outre l'avantage de mettre ces actes à l'abri des accidents. Ce serait la même précaution que celle prise par l'art. 43 du Code pour les actes de l'état civil.

Il y aurait encore, je crois, un changement à faire dans le mode d'inscription actuel. Aujourd'hui, d'après les art. 2148 et 2150 du Code Civil, elle s'opère sur la représentation de deux bordereaux, dont l'un reste à la Conservation, et l'autre est remis au requérant. Mais de ces deux bordereaux, l'un a été copié sur l'autre, et peut être défectueux, si c'est celui-là qui se trouve reproduit sur les registres,

(1) Voir la Note 2e à la fin du Volume.

l'inscription peut être nulle, sans que les parties
en aient connaissance ; il en est de même si la
copie sur les registres a été faite d'une manière
inexacte. Je proposerais de ne faire remettre à
la Conservation qu'un seul bordereau qui y
resterait déposé, et dont le contenu serait
porté sur les registres ; pour remplacer le bordereau qui est aujourd'hui remis à la partie, le
Conservateur délivrerait copie de l'inscription
par lui effectuée, la vérification de cette dernière copie permettrait de s'assurer qu'aucune
erreur n'a été commise.

Une autre cause, qui pourrait beaucoup
nuire à la publicité hypothécaire, se trouve
dans le § 4 de l'art. 2148. Ce texte paraît autoriser, dans un assez grand nombre de cas, des
inscriptions indéterminées quant aux sommes,
et dont l'effet pour les tiers est à peu près le
même que celui des hypothèques occultes. Je
crois qu'il faudrait que toutes les inscriptions
continssent la mention du montant du capital
des créances exprimées dans le titre ou évaluées
par l'inscrivant pour les rentes et prestations
ou pour les droits éventuels, conditionnels ou

indéterminés, sauf seulement en ce qui concerne les hypothèques légales, pour lesquelles
cette évaluation ne serait pas nécessaire. A
l'égard de celles-ci, en effet, cette évaluation
serait impossible.

CHAPITRE SEPTIÈME.

SUITE DU MÊME SUJET.

Mais si les créances hypothécaires, et les contrats emportant changement ou modification de
la propriété immobilière, ne doivent plus être
soumis l'un et l'autre qu'à la même formalité, l'inscription, ce n'est pas une raison pour confondre
ensemble ces deux espèces d'actes dont la nature
est si différente ; il faudra conserver, ainsi que
cela existe aujourd'hui, un ordre particulier de
registres pour les créances hypothécaires, et
un autre pour tous les actes contenant changement ou modification de la propriété des immeubles.

Je crois même que les créances hypothécaires
devraient être inscrites sur deux séries différentes de registres, dont la première contien-

drait les hypothèques légales, et la seconde
toutes les autres hypothèques. Cette division me
paraît nécessitée par la raison que les inscriptions des créances ordinaires sont assujetties au
renouvellement décennal, tandis que les hypothèques légales, une fois inscrites, doivent en
être dispensées, si l'on ne veut pas donner aux
incapables une garantie souvent illusoire. Car
s'ils se sont inscrits sur les formalités de la purge,
par exemple, quand ils ont été avertis du danger
qu'ils allaient courir, dix ans plus tard ils ne
penseront probablement pas à ce renouvellement; et celui que la loi charge spécialement
de remplir cette mesure, celui qui est dépositaire
de toutes les pièces, et dans les mains duquel
seront remis les avertissements qui pourront
être envoyés, est personnellement intéressé à
ce qu'elle n'ait pas lieu, et s'en dispensera le
plus ordinairement. L'inscription de l'hypothèque légale, si elle n'est pas renouvelée,
n'aura donc fait que reculer de quelques années
la ruine de l'incapable; aussi, même sous le
Code qui exige ce renouvellement, et malgré
l'avis du conseil d'état du 22 Janvier 1808, la
jurisprudence s'efforce-t-elle, autant qu'il lui

est possible, de maintenir l'effet de l'inscription
des hypothèques légales, malgré leur péremption. (Voir notamment un arrêt de la Cour de
Cassation du 21 Août 1833. Dev. 33-1-612. D.P.
33-1-305.)

Je crois qu'il faudrait pareillement diviser en
deux séries les registres où seraient inscrits les
actes concernant les changements ou modifications de la propriété immobilière ; l'un serait
destiné aux actes relatifs à la généralité des
biens d'une personne, l'autre aux actes qui ne
concernent que certains biens déterminés.

Enfin, les actes qui modifient ou détruisent
les droits résultant d'actes déjà inscrits, seraient
rendus publics par des annotations mises en
marge de ceux-ci. Mais ces annotations se di-
viseraient en deux classes : l'une se composerait des émargements proprement dits, et
résulterait d'actes dont l'effet est désormais
fixe et certain ; l'autre aurait lieu pour les
actes dont l'effet peut être subordonné à
un évènement postérieur, ce serait les prénotations.

Voici le tableau des actes qui devraient être
rendus publics à la Conservation des Droits

réels, avec l'indication des registres où ils devraient être portés.

§ 1. — Registres destinés à l'inscription des hypothèques légales.

Ces registres ne doivent comprendre rien
autre chose que les inscriptions de ces hypothèques.

§ 2. — Registres destinés à l'inscription des hypothèques autres
que les hypothèques légales.

On y porterait :
1° Les hypothèques judiciaires ou conventionnelles.
2° Les priviléges.
3° Les baux dans le cas prévu par le chapitre 8ᶜ.
4° Les antichrèses, si le législateur veut conserver cette espèce de privilége.
5° Les prénotations dans les cas prévus par
le § 5°.

§ 3 — Registres destinés à l'inscription des actes contenant des changements ou modifications sur les propriétés immobilières spécialement déterminées.

On porterait sur ces registres :

1° Les ventes d'immeubles.

2° Les échanges d'immeubles.

3° Les donations de biens de même nature, faites à titre particulier.

4° Les apports d'immeubles dans une société civile ou commerciale.

5° Les cessions d'un droit de réméré.

6° Les baux et cessions de baux portant concession du droit d'exploiter les mines, minières, carrières, tourbières, etc.

7° Les concessions soit à titre onéreux, soit à titre gratuit, de droits d'usufruit, d'usage ou d'habitation, ainsi que des servitudes continues non apparentes, et discontinues, soit apparentes, soit non apparentes, autres que les servitudes de passage sur les propriétés non encloses.

Cette exception est nécessaire, pour ne pas jeter une perturbation effrayante dans les pays où les terres, extrêmement divisées, ne s'exploitent en grande partie qu'au moyen de passages de cette espèce, et le peu de valeur de ces servitudes en général vient encore justifier cette exception.

8° Les testaments contenant legs à titre particulier d'immeubles, ou de droits d'usage, d'habitation, et de servitudes continues et non apparentes, ou discontinues, soit apparentes, soit non apparentes, autres que les servitudes de passage sur les propriétés non encloses.

Pendant l'année qui suivrait le décès, aucune hypothèque et aucune aliénation ne pourraient (si ce n'est quand le tribunal aurait accordé à ce sujet une autorisation formelle, ainsi qu'il a été expliqué au chapitre 4, § 2°) avoir lieu du chef des héritiers ou légataires en possession de la succession, au préjudice du légataire à titre particulier ; et si celui-ci effectuait l'inscription de son titre dans ce délai, ces hypothèques et aliénations seraient nulles à son égard. Après une année écoulée, les hypothèques du chef des héritiers ou légataires en possession, et les aliénations par eux faites avant que le testamen fût inscrit, seraient valables, et le légataire à titre particulier n'aurait aucune réclamation à exercer contre les créanciers et acquéreurs, hors le cas de fraude; il ne conserverait que son recours contre les héritiers et légataires qui se seraient mis en possession.

9° Les résiliations de contrat, et les rétrocessions de biens immeubles, vendus, échangés ou donnés à titre particulier, des droits d'usufruit, d'usage et d'habitation, ainsi que des servitudes continues, non apparentes, ou discontinues, soit apparentes, soit non apparentes, autres que les servitudes de passage sur les propriétés non encloses.

10° Les actes et jugements portant reconnaissance soit de l'acquisition, soit de la libération de quelques uns des droits immobiliers qui viennent d'être désignés.

11° Les actes de partage et de licitation comprenant des biens immeubles et des droits réels immobiliers autres que les priviléges et hypothèques.

Il ne faut pas, après que l'indivision a cessé, qu'un communiste, qui n'a peut-être eu dans son lot que des valeurs mobilières déjà dissipées, puisse se présenter aux tiers comme co-propriétaire d'immeubles indivis. D'un autre côté, il faut bien accorder aux co-partageants ou co-licitants un délai pour qu'ils puissent faire opérer l'inscription. Je crois que le délai de soixante jours, accordé par le Code pour l'inscription des soultes et de la garantie des lots est suffisant. Après cet espace de temps, les conventions passées par un tiers avec un des co-partageants, dans l'ignorance du partage effectué, auraient la même force que si le partage n'avait pas eu lieu; et les autres co-partageants ne conserveraient que leur recours personnel contre celui d'entre eux qui aurait ainsi traité avec un tiers.

12° Les cessions de mitoyennetés de murs, haies et fossés.

13° Les donations de biens présents et à venir faites aux époux par contrat de mariage.

Dans la prévision que l'on pourra, au décès du donateur, s'en tenir à la donation des biens présents, il faut faire inscrire la donation au bureau de la situation de chacun des biens immeubles présents.

14° Les rapports d'immeubles en nature, soit par l'héritier donataire ou légataire, soit par le tiers détenteur, en cas de réduction de la donation.

15° Les jugements d'adjudication rendus sur folle enchère ou sur une surenchère après aliénation, soit volontaire, soit judiciaire.

16° Les saisies immobilières et l'exploit de dénonciation conformément à l'art. 677 du Code de procédure civile.

§ 4 — Registres destinés à l'inscription des actes contenant des changements ou modifications sur la généralité des biens d'une personne.

On porterait sur ces registres :

1° Les droits d'hérédité acquis conformément au titre des successions ou de l'adoption.

Les héritiers pourraient faire inscrire un intitulé d'inventaire ou un acte de notoriété attestant leur qualité, et mentionnant les testaments et les donations universels ou à titre universel qui modifient cette qualité, ou attestant qu'il n'y en a pas de connus. Après cette inscription, tous actes d'administration seraient valablement faits par les héritiers apparents.

qui pourraient même auparavant faire tous actes conservatoires. Tous autres actes seraient aussi valablement faits par les héritiers apparents, pourvu qu'il se soit écoulé plus d'une année depuis le décès, et qu'ils soient en possession publique et paisible de la succession. Si, avant que ce délai soit expiré, il devenait nécessaire de faire quelque disposition excédant les pouvoirs ordinaires d'un administrateur, ils devraient recourir à l'autorisation du tribunal, qui, par un jugement rendu sur simple requête, pourrait soit la refuser, soit, en l'accordant, y apposer telles conditions qu'il jugerait convenables.

2° Les pétitions d'hérédité.

Ceux qui voudraient contester la qualité des héritiers apparents, devraient eux-mêmes faire opérer l'inscription de l'intitulé de l'inventaire ou de l'acte de notoriété dont il a été parlé tout à l'heure. Après cette inscription, les héritiers apparents, pendant qu'ils resteraient en possession, ne pourraient valablement faire que des actes d'administration ordinaire, et ils pourraient être astreints à fournir caution, par une simple ordonnance de référé. (Si les héritiers apparents

avaient fait faire l'inscription qui les concerne.
(Voir *Prénotations.*)

3° Les cessions de droits successifs.

4.° Les jugements admettant une pétition
d'hérédité.

Leur effet remonterait au jour de l'inscription
de l'acte de notoriété ou de l'intitulé d'inventaire, à moins que cette inscription n'ait été faite
dans l'année qui a suivi le décès, auquel cas
l'effet de ces jugements remonterait au jour du
décès, mais en respectant les autorisations qui
dans cet intervalle auraient pu être accordées
par le tribunal, ainsi qu'il a été expliqué tout
à l'heure.

5° Les testaments contenant legs universels
ou à titre universel.

(Voir les observations contenues sous les N°^{s}
1° et 2° du présent paragraphe.)

6° Les donations universelles ou à titre universel entre époux, par contrat de mariage ou
pendant le mariage.

(Voir *testaments universels*, N° 5°.)

7° Les donations de biens à venir faites aux
époux par contrat de mariage.

(Voir *testaments universels*, N° 5°.)

8° Les donations de biens présents et à venir faites aux époux par contrat de mariage.

(Si l'on accepte la donation pour les biens appartenant au donateur lors de son décès, voir *testaments universels*, N° 5° de ce §. Si l'on s'en tient aux biens présents lors de la donation, voir le N° 12° du § 3°.)

9° Les jugements d'envoi en possession provisoire et définitive des biens d'un absent.

(Voir le N° 1° du présent paragraphe, sauf la restriction posée par la loi aux droits des envoyés en possession provisoire. Les héritiers qui ne se présenteraient qu'après l'envoi en possession définitive ne pourraient exercer de recours que contre les envoyés en possession, sans pouvoir inquiéter sous aucun prétexte les tiers détenteurs.)

Tous les actes ci-dessus désignés se rattachent à une succession, et devraient être inscrits au lieu où cette succession s'est ouverte, ou à Paris si elle s'est ouverte à l'étranger.

Il peut arriver encore que des prénotations soient soumises à la formalité de l'inscription (voir, à cet égard, le § 5°).

Observations communes aux deux Paragraphes qui précèdent.

Le Code n'imposant la formalité de l'inscription qu'aux créances, a pu décider (art. 2147) que tous les créanciers inscrits le même jour viendraient en concurrence ; mais il n'en peut être de même pour les droits de propriété ; ils ne peuvent venir en concurrence ; il faut, au contraire, que l'un ait pour effet d'exclure l'autre. En ce qui concerne les actes désignés aux deux paragraphes qui précèdent, il faut donc adopter une autre règle. On peut décider, par exemple, qu'entre deux actes de cette nature inscrits le même jour, la préférence serait due à celui qui aurait le premier acquis date certaine ; et s'ils avaient acquis tous deux date certaine le même jour, on devrait s'en référer à l'ordre d'inscription sur le registre des dépôts que doit tenir le Conservateur. (Art. 2200 C.C.)

§ 5 — Prénotations.

En général, ce qui est nul ne peut produire
aucun effet, et l'on ne peut transmettre à autrui
plus de droits qu'on n'en a soi-même. Cependant, ces principes, si généraux qu'ils paraissent, ne sont pas sans exception. Ainsi, par
exemple, si un acte est annullé par suite d'un
événement qui ne devait pas être raisonnablement prévu, les dispositions que le détenteur
a faites sur l'objet qui avait été la matière du
contrat, dans l'intervalle de temps écoulé entre
la convention et cet événement, doivent être
respectées. Il y a plus; c'est que ces dispositions
doivent être respectées, à l'égard des tiers,
même quand ils les ont arrêtées après cet événement, mais avant qu'ils aient été mis à même
d'en avoir connaissance. Cette restriction est
non seulement équitable, mais encore formellement écrite dans notre Code, pour un cas spécial
il est vrai. Je veux parler de l'art. 958, qui porte
que « la révocation (des donations) pour cause

» d'ingratitude, ne préjudiciera ni aux aliéna-
» tions faites par le donataire, ni aux hypo-
» thèques, ou autres charges réelles qu'il aura
» pu imposer sur l'objet de la donation, pourvu
» que le tout soit antérieur à l'inscription qui
» aurait été faite de l'extrait de la demande en
» révocation, en marge de la transcription pres-
» crite par l'art. 939.» Je crois que le principe
posé dans cet article doit être étendu aux autres
cas semblables, et que les tiers de bonne foi ne
doivent pas être victimes de causes de nullité,
que les contrats non plus qu'aucune formalité
ne leur ont fait connaître. En effet, si ceux qui
ont été parties au contrat ainsi résilié, ont été
imprudents, ou s'ils n'ont pas su se mettre à
l'abri d'une supercherie, s'ils ont été trompés
enfin, ou s'ils ont été forcés de céder à la
violence, c'est un malheur pour eux, tous leurs
droits doivent leur être réservés contre ceux
qui en ont été la cause; mais ils ne peuvent
pas rejeter sur un tiers innocent les suites d'un
accident qui leur est arrivé. Je crois donc que
la nullité prononcée pour cause d'erreur, de
dol, de violence, de simulation, ne doit pas plus
que la révocation de la donation pour cause

d'ingratitude, être opposée aux tiers qui ont traité de bonne foi, avant d'être avertis de l'existence de cette cause de nullité.

On devrait donc mentionner sur les registres de la Conservation des Droits réels :

1° Les demandes en révocation de donations ou de testaments pour cause d'ingratitude. (Art. 958 et 1046 C.C.)

En marge de l'inscription des donations ou des testaments.

2° Les demandes en nullité ou révocation des actes et contrats relatifs à la propriété immobilière, ou contenant soit hypothèque soit antichrèse, et entachés de dol, d'erreur, de violence, de simulation, ou attaqués comme n'ayant pas de cause, ou reposant sur une fausse cause.

En marge de l'inscription des actes dont la nullité est demandée.

3° Les actions en pétition d'hérédité, quand des héritiers apparents se sont déjà mis en possession.

En marge de l'inscription opérée par les héritiers apparents d'un intitulé d'inventaire ou d'un acte de notoriété.

4° Les demandes en reconnaissance d'écriture pour les actes qui doivent être inscrits au bureau des hypothèques.

Cette dernière espèce de prénotation ne pourrait être rendue publique que par la voie de l'inscription.

Si les actes contestés n'étaient pas encore inscrits, les demandes judiciaires, dont il vient d'être parlé, devraient elles-mêmes être inscrites au lieu et sur les registres où ces actes devaient être inscrits.

Aucun droit réel inscrit après cette formalité ne pourrait être opposé à ceux qui auraient fait faire la prénotation.

Elle suivrait le sort de la demande judiciaire; elle serait radiée, si elle était rejetée par un jugement en dernier ressort, ou passé en force de chose jugée, s'il y avait péremption d'instance ou désistement. La prénotation ainsi radiée serait considérée comme n'ayant jamais existé; mais le jugement qui accueillerait favorablement la demande prénotée, ne pourrait faire remonter ses effets avant la date de la prénotation.

Au chapitre 14e on trouvera indiqué encore un autre sujet de prénotation.

§ 6 — Émargements.

On mentionnerait sur les registres de la Conservation des Droits réels:

1° Les radiations totales ou partielles des inscriptions;

En marge de ces inscriptions.

2° Les cessions, subrogations et priorités consenties dans l'effet d'un privilége ou d'une hypothèque inscrits ou non inscrits, et les attributions de créances privilégiées ou hypothécaires résultant d'un partage ou d'une licitation.

En marge des inscriptions dans l'effet desquelles ont lieu ces subrogations, priorités et attributions. Les inscriptions devraient être opérées en ce qui concerne les subrogés, si elles ne l'avaient pas encore été.

Ces cessions, priorités, subrogations et attributions n'auraient d'effet vis-à-vis des tiers qu'à partir de leur mention sur les registres des hypothèques. Cette disposition aurait pour ré-sultat de faire disparaître deux inconvénients qui se rencontrent dans l'état de choses actuel : 1° L'hypothèque légale des femmes mariées existant sans inscription, les cessions, subro-gations, priorités et renonciations qu'elles con-sentent sur cette hypothèque en faveur des tiers, ne sont pas non plus sujettes à être in-scrites; cela donne lieu à une source infinie de craintes et de fraudes. Ainsi des femmes mariées subrogent tour à tour plusieurs de leurs créan-ciers dans l'effet de leur hypothèque légale; ceux-ci croient tous leur créance bien assurée, mais les derniers subrogés se trouvent évincés par les subrogations précédentes, dont rien ne leur avait donné connaissance. Ou bien elles renoncent à leur hypothèque légale en faveur d'un acquéreur de leur mari, qui se croit ainsi bien en sûreté; mais un créancier précédem-ment subrogé, et dont la subrogation était de-meurée inconnue, vient réclamer l'effet de cette hypothèque, car il n'a pas pu être dépouillé par la renonciation de la femme à des droits qu'elle n'avait plus, et qu'elle lui avait déjà cédés. 2° Malgré la signification faite au débiteur, le cessionnaire d'une créance n'est pas encore bien certain de la validité du transport, surtout pour une créance qui se trouve divisée entre plusieurs créanciers, et dont les titres ne peuvent être mis en la possession de tous. Car si le débiteur auquel un transport est signifié garde le silence sur la signification qui lui aura été faite précédemment d'un premier transport (et la loi n'indique pas de moyen pour lui faire rompre ce silence), ou s'il fait une fausse déclaration, il pourra compromettre sa responsabilité, mais le transport premier signifié tient état. Le cessionnaire se trouve ainsi exposé à n'avoir, au lieu de la créance solidement hypothéquée qu'il croyait acheter, qu'un recours personnel sur des débiteurs peut-être insolvables. Aucun de ces abus ne pourra avoir lieu pour les créances hypothécaires ou privilégiées sur les immeubles, si l'on adopte la mesure proposée plus haut.

3° La quittance en vertu de laquelle le vendeur à réméré reprend l'immeuble par lui vendu sous cette condition.

En marge de l'inscription du contrat de vente à réméré.

Mais comme la quittance peut être passée au dernier moment du délai, il serait accordé un intervalle d'un mois pour faire opérer cet émargement, dont l'effet rétroagirait, en ce cas, au jour de la quittance.

4° Les jugements prononçant la nullité, la révocation ou la résolution d'actes et contrats relatifs à la propriété immobilière, ou contenant soit une hypothèque soit une antichrèse.

Les actes et jugements déclarant la caducité d'un acte sujet à l'inscription, qui aurait contenu une condition suspensive, pour défaut d'accomplissement de cette condition.

En marge de l'inscription des actes annullés.

5° Les délaissements d'immeubles faits par un tiers-détenteur en conformité de l'art. 2168 du Code Civil.

En marge de l'inscription du contrat.

6° Les acceptations de succession sous bénéfice d'inventaire.

L'abandon de tous les biens de la succession aux créanciers et légataires par l'héritier bénéficiaire, en vertu de l'art. 802 du Code Civil.

Les renonciations à succession.

Les renonciations à communauté ou à société d'acquêts, ayant pris fin par le décès du mari.

En marge de l'intitulé de l'inventaire ou de l'acte de notoriété attestant l'hérédité du défunt.

7° Les cessions de biens judiciaires ou volontaires.

Le jugement rendu en conformité de l'art. 559 du Code de Commerce, quand il n'intervient pas de concordat sur une faillite.

En marge de l'inscription de l'acquisition faite à tel titre que ce soit, par le cédant ou le failli, de biens immeubles, ou en marge de l'inscription des créances dont il a pu devenir propriétaire.

Faute de cet émargement, les tiers de bonne foi, et auxquels on ne pourrait reprocher une grave négligence, qui auraient traité avec le cédant ou le failli, dans l'ignorance de la cession de biens ou de la faillite, conserveraient tous leurs droits, même à l'égard des créanciers.

8° Les dissolutions de communauté ou de société d'acquêts, quand le mari est survivant.

En marge de l'inscription de l'acquisition des biens immeubles, et de l'inscription des créances hypothécaires, dépendant de la communauté ou de la société d'acquêts.

Faute de cet émargement, les tiers de bonne foi, et auxquels on ne pourrait reprocher une grave négligence, qui, ignorant que la communauté était dissoute, auraient traité avec le mari resté en possession des biens de la communauté, conserveraient même à l'égard de la femme ou de ses héritiers tous les droits par eux acquis.

Pour faire opérer un émargement, il faudrait déposer au Conservateur expédition de l'acte authentique, contenant le consentement des parties intéressées, ou d'un jugement passé en force de chose jugée.

Cependant, pour les dissolutions de communauté, il suffirait de déposer, 1° le contrat de mariage des époux, ou l'acte de mariage, attestant qu'ils se sont soumis au régime de la communauté, ou qu'ils ont établi entre eux une société d'acquêts; 2° et l'acte de décès de l'un des époux, ou l'expédition du jugement qui dissout la communauté.

Si l'inscription qu'il s'agit de faire émarger n'avait pas été effectuée, il faudrait remplacer l'émargement par l'inscription même de l'acte

dont la mention doit être faite, et cette inscription serait portée sur les registres, où aurait
dû être effectuée l'inscription de l'acte que l'on
devait émarger.

CHAPITRE HUITIÈME.

DES PRÉCAUTIONS A PRENDRE POUR QU'IL NE PUISSE PAS ÊTRE
PORTÉ ATTEINTE AUX DROITS ACQUIS DES CRÉANCIERS.

Après avoir donné aux actes qui précèdent les mutations immobilières, et l'établissement des charges réelles sur les immeubles, une publicité telle que les tiers puissent ne traiter qu'avec une suffisante connaissance des droits qui peuvent leur porter préjudice, il reste encore à prendre les précautions nécessaires pour que des actes postérieurs ne viennent pas nuire aux droits acquis par les créanciers.

Les précautions que les rédacteurs du Code Civil ont cru devoir prendre, consistent dans les formalités de la purge et le droit de surenchère accordé aux créanciers inscrits. A ces formalités je crois qu'il faut en ajouter quelques

autres , pour les droits qu'elles n'atteignent pas
en réalité.

Ainsi le droit de surenchère n'existe pas en faveur des créanciers, en ce qui concerne les droits
d'usage et d'habitation, droits entièrement personnels , qui ne peuvent être transférés. (C. C.
art. 681.) Il n'existe pas non plus pour les servitudes qui, établies sur un héritage pour
l'usage et l'utilité d'un héritage appartenant à
un autre propriétaire, ne peuvent être exercées
qu'au profit de celui-ci, il n'est la plupart du
temps qu'illusoire, et peut même quelquefois
compromettre les droits des créanciers inscrits,
surtout s'ils sont interdits ou mineurs, en ce
qui concerne les cessions d'usufruit.

Enfin , un propriétaire d'immeubles grévés
d'hypothèques peut porter un grave préjudice
aux droits de ses créanciers , par des baux faits
à vil prix, ou portant quittance par anticipation
de tout ou partie des loyers.

Pour parer au premier de ces inconvénients , je crois que l'on pourrait substituer au
droit de surenchère , en cas d'établissement de
droits d'habitation , d'usage , de servitudes
réelles et d'usufruit sur des immeubles déjà

grévés d'hypothèques, un autre moyen, qui mette les créanciers hypothécaires à l'abri du préjudice qui peut aujourd'hui les atteindre, sans qu'il leur soit possible d'y porter remède. Ce moyen consisterait à autoriser, en ce cas, les créanciers qui ne seraient pas satisfaits du prix offert, à soumettre à des experts nommés par le tribunal le tort causé à l'immeuble qui forme leur gage par l'établissement de ces droits, et ceux auxquels ces droits auraient été cédés auraient le choix ou d'y renoncer ou de payer le prix fixé par l'expertise provoquée par les créanciers hypothécaires.

Pour les baux la question est beaucoup plus compliquée. En effet, il faut prévoir deux circonstances différentes, dans lesquelles ils peuvent porter préjudice aux créanciers hypothécaires : 1° S'ils contiennent quittance des loyers par anticipation ; 2° s'ils sont faits à vil prix. Dans l'un et l'autre cas, il ne faut pas oublier que le maintien de ces baux exerce de l'influence sur les créanciers hypothécaires, antérieurs et postérieurs indistinctement, puisque ces loyers entreront pour' beaucoup dans la considération du prix que l'acquéreur peut offrir.; et, d'un autre côté, on ne doit porter atteinte qu'avec la plus grande réserve à des conventions d'un usage aussi fréquent et aussi indispensable.

Voici ce que je crois possible de faire :

1° En cas de saisie d'un immeuble, les créanciers hypothécaires auraient le droit de faire considérer comme nuls les paiements faits par anticipation, pour ce qui excèderait une année, à partir du terme courant lors de la transcription de la saisie.

2° Au même cas d'expropriation, les locataires, même ceux dont le bail aurait date certaine, seraient tenus, sur la sommation du poursuivant la saisie, à eux faite en même temps que la dénonciation aux créanciers inscrits, de communiquer leur bail par la voie du greffe, et de le laisser en communication jusqu'au jour de la publication du cahier des charges (art. 691, C. Pr. nouv.). Durant ce temps, chaque créancier inscrit pourrait prendre communication du bail, et déclarer au locataire, par acte extra-judiciaire, qu'il est prêt à prendre pour son compte la location, un an après le terme courant, aux obéissances d'exécuter toutes les

clauses du bail, d'élever au moins d'un sixième
le prix principal du loyer, et de payer une
année d'avance. Le locataire aurait le droit de
conserver le bail par préférence au créancier,
en déclarant, au moins huit jours avant l'adjudication, qu'il consent à accepter pour son
propre compte les offres que ce créancier a
faites, sinon le bail passerait au nom de ce
dernier, avec l'augmentation de loyer offerte.
Si le locataire laissait passer le délai à lui
accordé sans faire aucune communication,
il serait censé jouir conformément à l'usage
des lieux.

3° Lors d'une vente volontaire, les créanciers
hypothécaires pourraient pareillement faire
considérer comme nuls les paiements de loyers
faits par anticipation pour plus d'une année; ils
pourraient encore, pendant le temps qui leur
est accordé pour surenchérir, mettre les locataires ou fermiers en demeure de communiquer
leurs baux par la voie du greffe, et, après cette
mise en demeure, ils auraient les mêmes droits
que ceux qui viennent d'être expliqués sous le
numéro précédent.

4° Cependant, comme dans certaines circonstances, des locataires peuvent avoir un grand intérêt à être certains de conserver, pendant toute sa durée, la jouissance qui leur est accordée par leur bail, ils pourraient se mettre à l'abri de toutes difficultés postérieures de la part des créanciers, au moyen des formalités suivantes : ils feraient opérer au bureau des hypothèques une inscription qui contiendrait : 1° les noms, prénoms, professions et domiciles du propriétaire et du locataire; 2° l'énonciation de l'acte contenant bail ; 3° la désignation sommaire de la propriété louée ; 4° l'indication de la durée de la jouissance du locataire, du loyer et des charges qui auraient donné lieu à une augmentation du droit d'enregistrement ; expédition ou copie dûment certifiée de ce bail devrait être déposée au bureau des hypothèques, à l'appui de l'inscription, et chaque créancier pourrait en prendre connaissance. Tous les créanciers inscrits postérieurement à cette formalité, ne pourraient attaquer le bail. Quant aux créanciers inscrits antérieurement, le locataire devrait leur signifier l'inscription ; s'ils gardaient le silence

6

pendant un mois, à partir de cette notification, le bail serait inattaquable de leur part; s'ils voulaient s'y opposer, ils devraient, dans le délai qui vient d'être indiqué, faire au locataire la notification indiquée dans le Nº 2 qui précède, laquelle aurait les effets qui y sont rapportés. Mais ces formalités n'auraient jamais pour effet de valider les paiements faits par anticipation pour plus d'une année.

Toutes les fois qu'un créancier, par suite des mesures ci-dessus, prendrait la place d'un locataire, il aurait le droit de céder son bail, et de sous-louer tout ou partie de sa location, même quand une clause expresse du bail aurait prohibé cette faculté, mais il demeurerait solidairement responsable des sous-locations.

CHAPITRE NEUVIÈME.

DES HYPOTHÈQUES LÉGALES.

En mettant les intérêts des mineurs et des interdits sous la protection du tuteur qu'elle leur donne, la loi n'aurait rempli qu'une partie de sa mission, si ces intérêts, ainsi défendus contre les tiers, demeuraient sans protection contre le tuteur lui-même. Les particuliers assurent par des hypothèques les conventions qu'ils arrêtent entre eux ; le législateur ne doit pas manquer d'entourer de précautions semblables les stipulations qu'il fait pour ceux qui ne peuvent pas les faire eux-mêmes.

Mais les hypothèques ordinaires, ne concernant que des objets prévus et déterminés par l'acte constitutif, ont pu être soumises aux formalités de la publicité, puisqu'elles en renferment tous les éléments nécessaires, et qu'en ce qui concerne les conventions particulières, *jura vigilantibus subveniunt*.

Pour les hypothèques légales, les mêmes principes ne sont plus applicables. Prises pour garantie d'une longue gestion, dont tous les évènements ne peuvent être prévus, elles sont par leur nature indéterminées, et quant aux sommes qu'elles doivent conserver, et quant aux biens qu'elles peuvent frapper. De plus, la formalité nécessaire pour la publicité, l'inscription, que l'on peut exiger des créanciers ordinaires, sous peine de déchéance, ne doit pas, si elle est omise, causer la ruine des incapables. Car, en ce qui les concerne, le principe posé ci-dessus est renversé; ce n'est pas eux qui doivent veiller pour que la loi leur subvienne, c'est, au contraire, la loi qui doit veiller pour eux. Subordonner à la formalité de l'inscription les garanties accordées aux incapables, ce serait paraître leur accorder une protection qui, en réalité, ne doit recevoir aucun effet. Ce serait même commettre une injustice; car la nécessité de la garantie à accorder aux incapables, une fois admise, si les formalités de l'inscription ne sont pas remplies, ce n'est pas à eux que l'on peut imputer cette faute; elle remonte jusqu'à la loi, qui, après s'être formellement chargée du soin de les défendre, n'a pris que des mesures insuffisantes.

Ainsi les incapables, au profit desquels la loi a établi une hypothèque, ne doivent pas souffrir de préjudice par suite d'un défaut de formalités. Ce principe ne s'appuie pas seulement sur des raisonnements, il a encore été confirmé par l'expérience.

La loi de l'an vii exigeait l'inscription pour les hypothèques légales, comme pour toutes les autres hypothèques; elle s'efforçait ainsi d'arriver à une publicité entière et absolue, et elle crut pouvoir laisser un instant de côté la protection qu'elle doit à ceux qui sont incapables de se défendre eux-mêmes. Mais les désastres qui en résultèrent furent tels, que, peu d'années après, les rédacteurs du Code Civil, plutôt que de suivre les mêmes errements, se résignèrent à laisser une brèche ouverte au système de publicité, qui fait la

base du titre des hypothèques, et à en admettre
d'occultes.

Après ce changement, les droits des incapables furent un peu mieux garantis qu'ils ne
l'étaient par la loi de l'an vii, quoique ces garanties soient encore loin d'être complètes, ainsi
que nous allons le voir bientôt. Mais d'autres
inconvénients se firent sentir ; les tuteurs virent
leurs biens mis dans une espèce d'interdit par
cette hypothèque, dont l'importance ne peut
être évaluée ; et comme il est difficile de savoir
si un homme n'est et n'a jamais été tuteur, il
arrive tantôt que la crainte de cette hypothèque
occulte prive du crédit qu'elles méritent des
personnes dont les biens ne sont grévés d'aucune charge, tantôt qu'un tuteur, en dissimulant sa qualité, souscrit des hypothèques conventionnelles, qu'une hypothèque inconnue
doit rendre sans valeur.

Et avec de pareils inconvénients, on n'est
encore arrivé à donner aux incapables qu'une
garantie trop souvent illusoire. Car si les tuteurs
ne possèdent pas d'immeubles, ou ne possèdent
que des immeubles déjà grévés pour leur valeur,
ou bien encore si les formalités de la purge

viennent à dégager ces immeubles des hypothèques légales qui les frappent, les mineurs,
les interdits, se trouvent n'avoir de garantie
d'aucune espèce. Que d'exemples on pourrait
citer de malheureux mineurs entièrement
ruinés par leurs tuteurs, tandis que les membres du conseil de famille ont assisté à cette
ruine, sans pouvoir l'empêcher, parce que la
loi a cru devoir prendre, pour unique précaution contre les tuteurs, cette hypothèque légale,
qui, à l'égard des trois-quarts d'entre eux, est
une véritable déception!!

Le Code Civil n'a donc pas pris assez de précautions en faveur des incapables ; d'un autre
côté, il a jeté dans les affaires une perturbation
générale par ces hypothèques occultes, et je
ne crois pas que ce système soit encore celui
auquel on doit se tenir.

La loi de Brumaire an VII faisait supporter aux
incapables toutes les conséquences préjudi-
ciables du défaut d'inscription ; le Code fait subir
ce préjudice aux tiers qui traitent avec le tuteur
pour des affaires étrangères au mineur. Ces
deux systèmes ne paraissent s'être attachés ni
l'un ni l'autre au véritable point qui peut

résoudre la difficulté; par les raisons qui viennent d'être déduites, je crois qu'ils doivent être tous deux écartés. Il en reste un troisième qui me paraît éviter presque tous les inconvénients signalés: il consiste à faire supporter le préjudice résultant du défaut de garanties présentées par le tuteur, à ceux qui traitent avec lui *en sa qualité de tuteur et pour les affaires du mineur.* Les débiteurs du mineur ne peuvent pas ignorer la qualité de ceux avec qui ils ont affaire, et sont toujours à même de demander la justification des garanties que la loi croit devoir exiger, et en outre, ces garanties, que l'on peut ainsi déterminer, ne laissent plus de place à la fâcheuse incertitude et aux craintes que nous avons signalées tout-à-l'heure.

C'est là, ce me semble, et là seulement qu'il est possible de trouver la véritable solution de la difficulté qui nous occupe. Il est évident que l'on part d'un principe erroné, quand on veut faire retomber l'effet de la mauvaise administration du tuteur, soit sur ses créanciers personnels que cette administration ne concerne pas, soit sur les mineurs dont elle ne doit pas compromettre les intérêts. Rejeter le préjudice sur ceux qui ont traité avec le tuteur en sa qualité, et qui n'ont pas pris les justes précautions indiquées par la loi, est, je crois, la seule mesure qui puisse satisfaire à la fois à ce que réclament l'équité et la pratique. Cette idée est si juste et si naturelle, que c'est elle qui fut d'abord suivie. Elle était mise en pratique chez les Romains *(Inst. de satisd. tut. vel eur.*, *lib. I. tit. 25 in pr.)* et c'est à elle que je propose de revenir après les essais malheureux des systêmes tour à tour adoptés par la loi de l'an vii et par le Code Napoléon.

Mais il faut d'abord distinguer trois espèces différentes d'hypothèques légales :

1º Celles des mineurs, des interdits et des aliénés placés dans un établissement public, sur leurs tuteurs.

2º Celles des femmes sur leurs maris.

La loi, ayant conféré au mari un pouvoir absolu d'administration sur les biens de sa femme, devait accorder à celle-ci une garantie contre son mari, comme elle en accorde aux mineurs contre leurs tuteurs.

3º Celle de l'Etat sur les comptables publics.

L'Etat doit prendre aussi des garanties contre

ceux auxquels il est forcé de confier la manutention des deniers publics.

§ 1 — Des hypothèques légales des mineurs, des interdits et
des aliénés placés dans un établissement public, sur leurs
tuteurs.

Comme les tuteurs ne sont que des administrateurs, dont la mission doit se borner à conserver l'avoir de leurs pupilles, on peut sans
danger, et l'on doit même, prendre contre
eux des garanties plus fortes que contre les
maris, qui ne sont pas seulement chargés du
soin de conserver la dot de la femme, mais bien
aussi de pourvoir aux besoins du ménage,
ainsi qu'à l'éducation et à l'établissement des
enfants.

Je proposerais donc à leur égard les dispositions suivantes:

1° Aucun tuteur ne pourrait prendre l'administration de la tutelle, avant d'avoir fait
nommer un subrogé-tuteur. Jusque-là, tous les
actes qu'il passerait au nom de l'incapable

pourraient être déclarés nuls à l'égard de ce dernier.

2° Par la délibération du conseil de famille, qui nommerait un subrogé-tuteur, ce conseil déterminerait, par une évaluation approximative, sur un état présenté par le tuteur, l'avoir mobilier actuel de l'incapable. Si le tuteur présente des immeubles libres d'une importance double de la somme évaluée, ou qui, déjà grévés d'hypothèques, offrent une valeur double du total des hypothèques antérieures à la tutelle, et de la somme à laquelle est évalué l'avoir mobilier de l'incapable, inscription devrait être immédiatement prise, par les soins du greffier, sur les immeubles ainsi présentés par le tuteur, pour une somme de moitié plus forte que l'évaluation donnée.

Si cette évaluation ne pouvait avoir lieu de suite, elle serait faite par une délibération du conseil de famille, ultérieurement convoqué à cet effet.

Pareillement, si, par suite de l'inventaire, il se trouve que l'évaluation était évidemment au dessous de la vérité, le notaire devrait, immédiatement après la clôture de l'inventaire, en prévenir le juge de paix , qui provoquerait une seconde réunion du conseil de famille.

3° Si quelque doute s'élevait, soit sur l'importance de l'avoir du mineur, soit sur la valeur des immeubles présentés par le tuteur , soit sur les charges réelles dont ils sont grévés , chaque membre du conseil de famille aurait le droit de déférer la décision du conseil au tribunal de première instance. Le même droit appartiendrait au juge de paix. La décision du tribunal , rendue après qu'il se serait environné des renseignements par lui jugés convenables , serait en dernier ressort.

4° Sur le vu de l'inscription dont il a été parlé au N° 2 , tous débiteurs se libéreraient valablement, sans autres formalités , entre les mains du tuteur, pour les valeurs mobilières appartenant aux mineurs jusqu'au jour de la tutelle , et pour les revenus postérieurs.

5° Tant que cette inscription n'aurait pas été prise , les débiteurs des incapables ne pourraient se libérer entre les mains des tuteurs qu'à leurs périls et risques ; et les hypothèques ou autres garanties attachées à la créance ainsi remboursée continueraient de subsister sans pouvoir être radiées. Les débiteurs pourraient se mettre en règle, en faisant la consignation de ce qu'ils doivent, soit en présence du tuteur, soit lui appelé.

6° Le paiement fait au tuteur, après la justification dont il a été parlé au N° 2, ou sur consignation, rendrait la libération du débiteur parfaite et irrévocable. Les hypothèques et autres accessoires de la créance cesseraient d'avoir effet, et pourraient être effacés. Toutefois, si le tuteur ne s'était pas présenté à la Consignation, ou s'y était opposé, la radiation de l'hypothèque devrait être ordonnée par le tribunal de première instance, le tuteur appelé, et les frais de ce jugement pourraient être mis à sa charge.

7° S'il échoit à l'incapable, pendant la durée de la tutelle, une succession en tout ou partie mobilière, le conseil de famille serait assemblé par le tuteur, ainsi que l'exige l'art. 461 du Code Civil pour accepter la succession sous bénéfice d'inventaire, ou y renoncer. Cette réunion aurait lieu, autant que possible, après l'inventaire. Sur un état présenté par le tuteur, le conseil évaluerait l'importance mobilière de cette succession, et ferait prendre inscription comme au N° 2. Les sommes mobilières dues au mineur par suite de cette succession seraient payées en conformité des N°ˢ 4°, 5° et 6°.

8° Les prix de vente d'immeubles, et les soultes provenant d'échanges, partages ou licitations de biens de cette nature appartenant au mineur, si ces actes ont été passés depuis la tutelle, ne pourraient être reçus par le tuteur qu'en présence du subrogé-tuteur, et sur la justification de l'emploi au profit de l'incapable, soit en acquisition d'immeubles, soit en placement hypothécaire, soit en achat de rentes sur l'Etat. Le débiteur de la somme ainsi payée serait tenu de suivre ce remploi; il ne serait pas garant de sa validité, mais le subrogé-tuteur pourrait en être responsable en cas de négligence ou faute grave.

9° Les donations mobilières qui seraient faites à un incapable, même celles qui auraient été acceptées pour lui par un ascendant, ne pourraient être valablement remises aux mains du tuteur qu'en présence du subrogé-tuteur, et sur la justification de l'emploi au profit de l'incapable, comme il vient d'être dit.

Ces dispositions ne seraient pas applicables 1° aux donations manuelles , 2° aux donations d'effets mobiliers que le donateur , par une disposition expresse, aurait enjoint de conserver en nature.

10° Les sommes consignées au nom des incapables pourraient être retirées de la caisse par le tuteur, sur un simple avis du conseil de famille, indiquant l'emploi à faire des sommes dont le retrait est permis; cet emploi devrait être suivi par la caisse, mais sans garantie. Le tout ne pourrait avoir lieu qu'en présence du subrogé-tuteur.

11° La caisse des tutelles serait distincte de la caisse des consignations; elle tiendrait compte de l'intérêt à partir du lendemain du jour de la consignation.

Les sommes ainsi déposées pourraient être, sur la demande du tuteur , placées au nom du mineur , en rentes sur l'état, et ces rentes pourraient aussi être aliénées, sous condition de remploi , sur l'avis du conseil de famille, ainsi qu'il a été expliqué au N° 10°.

13° Le tuteur ne pourrait faire aucune coupe et aucune vente de bois sur pied qu'en suivant l'aménagement existant et après avoir pris le consentement du subrogé-tuteur, qui pourrait s'y opposer, et exiger du tuteur soit une hypothèque supplétive pour la valeur de tout ou partie de cette coupe ou vente de bois, soit le dépôt de tout ou partie de son produit à la caisse des tutelles.

14° A la fin de chaque année, le tuteur, même le père ou la mère, devrait remettre au subrogé-tuteur un état de situation de sa gestion. A l'appui de cet état, il représenterait tous les titres de créance du mineur, et ses titres de propriété qui seraient appuyés par des inscriptions en garantie. Le subrogé-tuteur devrait veiller, sous sa responsabilité personnelle (en cas de faute ou négligence graves de sa part), à ce que les inscriptions hypothécaires soient renouvelées dans le délai, et à ce que le tuteur prenne les mesures conservatoires nécessaires. Il pourrait prendre lui-même toutes ces mesures, et il devrait aussi vérifier si le tuteur a fait l'emploi des sommes qui excèdent celles que le conseil de famille a dispensées de l'emploi.

15° Si, par suite de quelque faute du tuteur, le mineur se trouvait exposé à éprouver un préjudice considérable, ou si les immeubles présentés par le tuteur n'offraient plus, par une cause quelconque, qu'une garantie évidemment insuffisante, le subrogé-tuteur devrait, sous sa responsabilité (s'il y a de sa part faute ou négligence graves), faire convoquer le conseil de famille, pour qu'il ait à statuer sur les nouvelles dispositions à prendre.

16° Dans toute procédure d'ordre à laquelle un incapable serait intéressé, sommation de produire pour le mineur devrait être faite, tant au tuteur principal qu'au subrogé-tuteur. Celui-ci devrait, sous sa responsabilité, veiller à ce que le tuteur fasse la production, si elle est utile, ou, au besoin, faire lui-même acte de production au nom du mineur. Si aucune production n'était faite pour le mineur, ou si les pièces produites paraissaient incomplètes, le greffier du tribunal devrait, avant la clôture du procès-verbal d'état d'ordre provisoire, en donner avis au Procureur du Roi, qui pourrait mander le tuteur, et même requérir l'assemblée du conseil de famille pour décider si la production doit être faite ou rectifiée.

17° Les immeubles affectés par le tuteur pourraient être changés, avec l'autorisation du conseil de famille, homologuée par jugement du tribunal civil.

18° Après la reddition du compte de tutelle, l'hypothèque légale du mineur serait définitivement fixée, aucune rectification postérieure ne pourrait soit la modifier, soit la faire revivre au préjudice des tiers.

19° Pour les ventes faites par les tuteurs des biens des incapables, sans les formalités voulues par la loi, et les autres actes nuls comme faits par les tuteurs en dehors de leurs pouvoirs, les mineurs, s'ils les ratifient après leur majorité, ne pourraient prétendre d'hypothèque légale qu'à la charge d'une inscription, comme pour une hypothèque conventionnelle.

20° Si le tuteur ne possède pas d'immeubles libres qu'il puisse offrir comme garantie suffisante des droits présumés du mineur, et si ces droits ne présentent qu'une importance minime, le conseil de famille pourrait, par une délibération motivée, autoriser, en ce cas, le tuteur à administrer sans fournir les garanties exigées ci-dessus. Cette délibération devrait être prise

à la majorité des trois-quarts des membres con-
voqués, et elle serait présentée au Procureur du
Roi, qui pourrait soit permettre sa mise à exécution, en la visant sans opposition, soit la
déférer au tribunal, s'il juge que ce soit utile
dans l'intérêt du mineur.

Sur le vu de cette délibération, les débiteurs
du mineur se libéreraient valablement entre les
mains du tuteur, comme il est expliqué au
N° 4°.

§ 2 — Des hypothèques légales des femmes contre leurs maris.

Les maris qui ne sont pas comme les tuteurs,
simplement conservateurs des biens qui leur
sont confiés, mais qui doivent les faire fructi-
fier, et les augmenter, si c'est possible, afin de
pourvoir aux besoins du ménage, à l'éducation
des enfants et à leur établissement, doivent être
astreints à des garanties moins sévères que
celles auxquelles on peut assujettir les tuteurs.

Il ne faut pas non plus perdre de vue que
les mineurs et les interdits sont dans l'impos-

sibilité absolue de se défendre eux-mêmes, et que la loi doit tout faire pour eux. Au lieu que les femmes, quand elles se marient, sont dans un âge où la raison doit être en grande partie développée; sur le point de devenir mères de famille et maîtresses de maison, elles doivent être supposées susceptibles d'apprécier la portée de ce qu'elles font. D'ailleurs, le mariage et les conditions civiles qui le précèdent, ne pouvant être arrêtées, si la femme est mineure, qu'avec l'assistance des ascendants ou de la famille, toutes les précautions l'environnent pour qu'elle ne compromette pas ses droits; et le législateur a lui-même adopté ces idées dans l'art. 1398 du Code Civil.

La loi peut donc et doit même accorder une certaine latitude aux conventions des époux sur les garanties à exiger du mari, et prendre des précautions raisonnables, mais sans les pousser trop loin, si les époux ne font à ce sujet aucune stipulation expresse.

Après avoir fait ces observations, je pense que, pour donner aux droits des femmes une assurance compatible avec la liberté d'action qui doit être réservée au mari, chef de la famille, on pourrait prendre les dispositions suivantes :

1° La femme mariée n'aurait pas d'hypothèque légale sur les biens de la communauté ou de la société d'acquêts ; elle n'en aurait même pas sous le régime dotal et les autres régimes, exclusifs de la communauté, sur les biens acquis par le mari pendant le mariage, autrement que par succession ou par donation.

Elle pourrait stipuler par son contrat une hypothèque sur les biens que le mari acquerra pendant le mariage, à titre onéreux ; mais cette hypothèque serait assujettie aux formalités de l'inscription, et ne prendrait rang, comme toutes les hypothèques conventionnelles, qu'à la date où ces formalités auraient été remplies.

2° La femme aurait une hypothèque légale, dispensée de l'inscription sur les immeubles qui appartiendraient à son mari lors du mariage, et sur tous ceux qui lui écherraient pendant le mariage, à titre de succession ou de donation,

1° pour raison de sa dot et de ses conventions matrimoniales, à compter du jour du mariage ;

2° pour les sommes dotales qui proviennent de successions à elle échues, ou de donations à elle faites pendant le mariage, à compter de l'ouverture des successions ou du jour que les donations ont eu leur effet; 3° pour l'indemnité des dettes qu'elle a contractées avec son mari, et pour le remploi de ses propres aliénés, à compter du jour de l'obligation ou de la vente.

3° L'hypothèque légale des femmes mariées devrait être inscrite dans l'année qui suivra la dissolution du mariage, ou la séparation soit de biens soit de corps et de biens; et l'hypothèque ne prendrait rang qu'à compter du jour de l'inscription, si elle n'était opérée qu'après ce délai.

Il serait prolongé d'une année, si la femme venait à décéder dans l'intervalle dont il vient d'être parlé.

4° Lors de la nomination du tuteur ou du subrogé-tuteur d'enfants mineurs, dont la mère est décédée, le greffier du juge de paix devrait faire inscrire l'hypothèque légale de la femme sur les biens du mari qui lui seraient indiqués par le conseil de famille, si cette inscription n'avait pas encore été faite. En cas de négligence de la part du greffier, il pourrait être déclaré solidairement responsable avec le tuteur du préjudice résultant de l'omission de cette inscription.

5° Les femmes dont le bien aurait été aliéné au mépris de leurs conventions matrimoniales, ou dont les créances assujetties au remploi auraient été payées sans cette formalité, n'auraient pas d'hypothèque légale pour le prix de ces aliénations ou pour le montant de ces créances ; elles n'auraient que l'action en résolution de la vente contre les tiers détenteurs, ou en nullité de paiement. Pareillement si, la vente étant valable, l'acquéreur de leurs biens ne remplissait pas les formalités nécessaires pour la validité du paiement du prix, les femmes n'auraient qu'une action en répétition contre l'acquéreur qui aurait mal payé.

6° L'hypothèque des femmes contre leurs maris ne pourrait être inscrite qu'à la requête 1° du mari ; 2° de la femme, sans qu'elle ait à cet égard besoin de l'autorisation maritale ; 3° de ses ascendants ou descendants ; 4° de ses parents collatéraux, jusqu'au degré d'oncle ou de tante, inclusivement ; 4° du Procureur du Roi, et du Juge de Paix du lieu du domicile du mari, ou de la situation des biens ; 6° des

créanciers subrogés dans l'effet de cette hypothèque : les bordereaux devraient être signés.

7° La femme pourrait, en prenant inscription,
ne la faire peser que sur certains immeubles
déterminés, afin de réserver à son mari la libre
disposition de ceux sur lesquels elle croirait
devoir consentir à laisser purger son hypothèque légale ; faute d'une désignation spéciale,
l'inscription frapperait sur tous les biens que
l'hypothèque grève dans l'étendue du bureau.

8° Aucune obligation ne pourrait être prise
par une femme dans l'intérêt de son mari, aucune vente de ses biens propres ne pourrait
être effectuée pendant la durée du mariage que
par acte notarié, reçu en la présence réelle
soit des deux notaires, soit d'un notaire et de
deux témoins. (1)

9° La dispense d'inscription de l'hypothèque
légale des femmes mariées n'existerait qu'à
leur profit seul et personnel ; les personnes
qu'elles auraient subrogées dans l'effet de cette
hypothèque, ou en faveur desquelles elles
auraient aliéné tout ou partie de leurs droits

(1) Voir la note 3°.

contre leur mari, seraient assujetties à faire opérer l'inscription nécessaire pour la conservation de leurs droits, et les conventions arrêtées avec la femme, ainsi que les procédures dirigées contre elle seule, à l'occasion d'immeubles sur lesquels cette inscription n'aurait pas été effectuée, seraient valables, sans que les tiers non inscrits puissent opposer leurs droits antérieurs restés sans publicité.

10° L'hypothèque légale pourrait être, par le contrat de mariage, restreinte sur certains biens déterminés, mais il ne pourrait être stipulé que la femme n'aura pas d'hypothèque légale.

A la vérité, si ce n'est sous le régime dotal, elle peut l'aliéner, mais cette aliénation même lui donne contre son mari un nouveau droit, garanti par une hypothèque légale; il n'y a pas de perte absolue de l'hypothèque, il y a un changement de rang.

11° Pendant le mariage, au lieu de la réduction autorisée par l'art. 2144 du Code Civil, il n'y aurait lieu qu'au dégrèvement de certains immeubles spécialement désignés.

12° La femme qui se serait réservé des paraphernaux, et qui en aurait laissé l'administration à son mari, n'aurait d'hypothèque pour les suites de cette gestion qu'à la charge d'une inscription.

13° Dans toute procédure d'ordre à laquelle une femme serait appelée comme ayant à faire valoir son hypothèque légale contre son mari, si aucune production n'était faite pour elle, ou si les pièces produites paraissaient incomplètes, le greffier du tribunal devrait, avant la clôture du procès-verbal d'état d'ordre provisoire, en donner avis au Procureur du Roi, qui pourrait mander le mari et la femme, et même requérir l'assemblée du conseil de famille de celle-ci, pour statuer si la production doit être faite ou rectifiée.

Les dispositions qui précèdent ne font pas disparaître tous les inconvénients de l'hypothèque légale des femmes mariées, mais elles en écartent une partie, et circonscrivent ceux qui subsistent encore sur certains biens seulement. La liberté d'action nécessaire au mari, administrateur et chef de la famille, peut ainsi suffisamment se développer, sans laisser les droits de la femme dépourvus de garanties ; au surplus celle-ci peut, par les dispositions de son contrat de mariage, donner à ces garanties toute la rigueur qu'il lui plaira.

Enfin, par les facilités de la purge accordées aux prêteurs comme aux acquéreurs (Chap. 10), je crois que, de tous les inconvénients de cette hypothèque, il ne resterait plus en réalité que ceux absolument nécessaires pour que les droits des femmes ne restent pas privés de la protection qui leur est due.

De l'hypothèque légale de l'Etat, des communes et des établissements publics, sur les biens immeubles des incapables.

Ces hypothèques étant soumises à la formalité de l'inscription, pour pouvoir être opposées aux tiers, il n'y a sous le rapport de leur publicité rien à changer au régime actuel.

CHAPITRE DIXIÈME.

DU MODE DE PURGER LES HYPOTHÈQUES LÉGALES, NON INSCRITES, DES FEMMES SUR LES BIENS DE LEURS MARIS.

D'après les dispositions du Code Civil, les hypothèques légales, quoique dispensées de l'inscription, pourraient toujours être soumises à cette formalité, de telle sorte que le recours des mineurs et des femmes mariées ne fût pas perdu. Car ces hypothèques, conservant toute leur vertu jusqu'après l'expiration des formalités de la purge, les Procureurs du Roi, qui doivent nécessairement être avertis de ces formalités (art. 2194), pourraient toujours requérir l'inscription en temps opportun. C'est ainsi que cet article fut d'abord interprété : et les Procureurs du Roi, ne pouvant presque jamais vérifier si cette inscription n'était pas utile, ne manquaient pas de la requérir. Mais de graves inconvénients résultaient de cet état de choses. L'administration des maris était sans cesse entravée, tous leurs biens étaient mis en interdit; et, par exemple, un mari qui aurait fait emploi de la dot de sa femme en acquisition d'immeubles, au nom de celle-ci, aurait été empêché, par l'inscription de l'hypothèque légale, de toucher le prix de ses propres immeubles, ou il lui aurait fallu recourir aux formalités longues et dispendieuses de la réduction de cette hypothèque. Aussi des instructions furent adressées par le Gouvernement aux Procureurs du Roi, pour qu'ils n'effectuassent l'inscription des hypothèques légales que si des circonstances particulières rendaient une pareille mesure nécessaire. Cette restriction eut pour effet d'empêcher l'inscription dans presque tous les cas, les Procureurs du Roi n'ayant presque jamais les renseignements qui pourraient les éclairer sur la nécessité de cette mesure.

Par suite, la formalité de l'inscription se trouve abandonnée à la seule appréciation des femmes ; le résultat est celui que l'on devait attendre, c'est-à-dire, que ces inscriptions n'ont presque jamais lieu, car bien des femmes qui ne consentiraient pas à signer une renonciation à leur hypothèque, n'ont pas l'énergie nécessaire pour agir elles-mêmes, et elles perdent toutes les garanties que la loi leur offrait, en restant pendant deux mois dans l'inaction.

Les dispositions que nous avons présentées dans les chapitres précédents nous dispensent de nous occuper des hypothèques légales, autres que celles des femmes sur leurs maris. A l'égard de celles-ci, je crois qu'on doit s'efforcer : 1° de donner aux femmes, dans les formalités, un rôle qui ne soit pas purement passif, afin d'obvier aux inconvénients qui doivent résulter de la faiblesse, de l'indolence et de l'ignorance de la plupart d'entre elles ; 2° d'attribuer les moyens de remplir ces formalités, non pas seulement aux acquéreurs, mais encore aux prêteurs.

Voici les moyens que l'on pourrait prendre, pour arriver à ce double résultat :

Si un mari vend ou hypothèque un immeuble

sujet à l'hypothèque légale, non inscrite de sa
femme, celle-ci, soit volontairement, soit sur
sommation, devrait se présenter en personne
devant le juge de paix du domicile du mari, ou
de sa résidence, si elle ne demeurait pas au
même lieu que lui, et il serait remis à ce magis-
trat, par l'acquéreur ou le prêteur, expédition
ou grosse soit du contrat d'acquisition transcrit, soit du contrat de prêt avec l'inscription
opérée, auxquelles pièces serait joint le certificat de toutes les charges réelles inscrites sur
l'immeuble vendu ou affecté à la somme prêtée.

Après les explications données par le juge de
paix, la femme devrait déclarer si son intention est de faire inscrire son hypothèque sur
cet immeuble, ou demander pour s'éclairer,
une remise, qui ne pourrait lui être re-
fusée, et qui ne devrait pas excéder le
délai de quinzaine. Si elle déclare qu'elle ne
veut pas que cette inscription soit opérée, le
juge de paix pourrait, dans le cas où il jugerait que l'intérêt évident de la femme s'oppose
à cette renonciation, tenir, malgré la femme,
à ce que l'inscription fût effectuée, ou, s'il con-
servait de graves doutes, convoquer le conseil

de famille à l'effet de prononcer sur la question ; la délibération serait portée ensuite du procès-verbal de comparution de la femme. Si celle-ci, ou le conseil de famille décident qu'il faut prendre inscription, elle serait prise immédiatement par l'entremise du greffier de la justice de paix ; mais à moins d'une décision formelle, elle ne porterait que sur l'immeuble au sujet duquel on remplit les formalités de purge légale. Le Juge de Paix ferait mention, sur le titre à lui remis, de la décision qui aurait ordonné l'inscription.

Si, soit sur l'avis de la femme, non contredit par le Juge de Paix, soit sur l'avis du conseil de famille, il est décidé que l'inscription ne doit pas être effectuée, l'acquéreur, le prêteur, ou leur mandataire, même verbal, présenteraient au Procureur du Roi du lieu où l'immeuble est situé, les pièces déjà représentées au Juge de Paix, et le procès-verbal dressé par celui-ci. Le Procureur du Roi, s'il juge que l'intérêt bien entendu et évident de la femme, exige que l'inscription soit prise, pourrait refuser son adhésion, et devrait, en ce cas, faire inscrire immédiatement l'hypothèque sur l'immeuble; ou s'il n'y voit pas d'inconvénients, il viserait le titre, en déclarant qu'il n'empêche ; en ce cas, l'immeuble serait entre les mains de l'acquéreur libre et purgé de cette hypothèque, comme elle ne pourrait être opposée au prêteur qui aurait rempli ces formalités.

Si la femme ne se présente pas devant le juge de paix, sur la sommation qui lui aurait été faite, ou volontairement dans la quinzaine qui suivra le jour fixé par cette sommation, elle devrait être considérée comme requérant l'inscription de son hypothèque légale sur l'immeuble. Toutefois, le juge de paix, s'il lui est justifié que la femme est empêchée, pourrait accorder un délai suivant les circonstances.

Si elle est mineure, ou si elle est décédée, laissant des héritiers mineurs, l'avis du conseil de famille devrait toujours être demandé.

Si elle est décédée ne laissant que des héritiers majeurs, ceux-ci seraient appelés à faire, devant le juge de paix, la déclaration que la femme aurait eu à faire elle-même. En cas de dissentiment, l'inscription devrait être effectuée, mais si le mari venait à intenter une action en dégrèvement, il ne serait pas forcé d'appeler dans l'instance ceux qui auraient consenti à ce que l'inscription ne soit pas effectuée.

La purge des hypothèques légales inconnues ne pourrait être faite que par ceux qui rempliraient aussi les formalités pour purger les hypothèques légales connues. Pour y parvenir, il suffirait de publier, dans le journal indiqué par les articles 696 et 698 du code de procédure, un extrait, contenant les noms, prénoms, professions et domiciles des contractants, la date et la nature de l'acte, ainsi que le nom et la résidence du fonctionnaire devant lequel il aurait été passé, la désignation de l'immeuble, le montant du prix de vente ou de la somme prêtée, et les noms, prénoms, professions et domiciles des personnes sur lesquelles on veut purger les hypothèques légales inconnues, ou une désignation individuelle et spéciale, telle que chacun de ces propriétaires puisse être facilement reconnu; avec déclaration que cette publication est faite pour purger les hypothèques existantes indépendamment de l'inscription, contre ceux au profit desquels il peut exister des hypothèques de cette nature, et qui sont inconnus. Un exemplaire de ce journal serait soumis au visa du Procureur du Roi du lieu de la situation de l'immeuble, et s'il ne survenait pas d'inscriptions de cette nature dans les deux mois qui suivraient ce visa, l'immeuble serait, entre les mains de l'acquéreur, libre et purgé des hypothèques légales inconnues, lesquelles ne pourraient non plus être opposées au prêteur qui aurait rempli ces formalités.

Comme il pourrait arriver que des créanciers hypothécaires vinssent à un rang inférieur à l'hypothèque légale purgée, et antérieur à celui de l'inscription du prêteur qui aurait fait la purge, celui-ci prendrait jusqu'à due concurrence le rang de l'hypothèque légale, sur laquelle il aurait rempli les formalités ci-dessus, et le créancier de cette hypothèque légale serait subrogé, jusqu'à la même concurrence, aux droits du prêteur, pour venir au rang de l'inscription de celui-ci.

CHAPITRE ONZIÈME.

DE QUELQUES MESURES TRANSITOIRES.

La loi n'ayant pas d'effet rétroactif, les inconvénients de l'état de choses actuel devront, quelles que soient les modifications apportées, se faire sentir encore longtemps, car les changements n'atteindront pas les droits antérieurement acquis. Cependant, comme les dispositions des lois qui n'ont rapport qu'à des formalités, régissent tous les événements postérieurs, on pourrait adopter les mesures transitoires suivantes :

1° Il ne serait pas possible d'exiger que tous les actes de mutation antérieurs à la loi qui contiendrait ces réformes, fussent assujettis à

la transcription ; trop de personnes omettraient
cette formalité , soit par négligence, soit parce
que ces innovations législatives leur resteraient inconnues; une pareille disposition serait
la cause d'une foule de fraudes, et jetterait dans
les affaires une effrayante perturbation. La loi
de Brumaire elle-même n'a pas osé aller
jusque-là. Mais on pourrait ordonner que
les personnes qui ne seraient propriétaires d'un
immeuble qu'en vertu d'un titre antérieur aux
réformes adoptées et non transcrit, n'auraient
le droit, après cinq années, par exemple,
écoulées depuis la promulgation de la loi qui
les aurait arrêtées, d'opposer ce titre aux tiers,
que si elles avaient une possession publique à
titre de propriétaires. Le législateur peut avoir
égard aux dangers résultant d'une négligence
qu'il prévoit devoir être générale ; mais il ne
doit pas accorder sa protection à ceux qui,
dissimulant les conventions qu'ils arrêtent,
n'ont souvent pas d'autre but que de se réserver
quelques moyens de fraude.

La possession publique ainsi exigée des
propriétaires serait un moyen de publicité, qui

pourrait, jusqu'à certain point, remplacer la formalité de la transcription du titre.

2° Pour les hypothèques légales des incapables sur leurs tuteurs, il pourrait être ordonné que, cinq années après la promulgation de la loi, les tuteurs devraient présenter au subrogé-tuteur un compte de tutelle, qui serait soumis à l'approbation du conseil de famille, après quoi, ces tuteurs seraient assujettis aux mesures indiquées au chap. 10°, § 1°.

Cette formalité serait remplie sous une peine à infliger aux tuteurs qui auraient négligé de l'effectuer, et sous la responsabilité des subrogés-tuteurs. En ce qui concerne les interdits spécialement, on aurait un moyen de vérifier si quelques tuteurs ont évité de se soumettre à la mesure ordonnée, il suffirait pour cela de s'en assurer, par le tableau des interdits, qui reste toujours déposé dans les études et les chambres des notaires, et dans les chambres des avoués.

Je ne crois pas que cette mesure soit impraticable ; mais si les difficultés de l'exécution empêchaient de l'adopter, il faudrait au moins exiger que l'inscription de l'hypothèque eût lieu dans les deux ans qui suivraient la fin de la tutelle.

3° En ce qui concerne l'hypothèque légale des femmes sur leurs maris, il est impossible d'y porter aucune atteinte pendant le mariage ; on ne pourrait exiger que l'inscription dans l'année, par exemple, qui suivrait la dissolution du mariage, ou la séparation soit de biens, soit de corps et de biens.

On pourrait encore, à cet égard, remplacer les formalités du Code Civil pour la purge des hypothèques légales, par celles qui sont indiquées au chap. 10, § 2.

Ces modifications, ne concernant que des questions de forme, ne peuvent être considérées comme ayant un effet rétroactif.

4° Enfin, par la même raison, il pourrait être ordonné, qu'au lieu de la restriction de l'hypothèque légale, sur certains immeubles, permise par les articles 2143 et 2144 du Code Civil, il n'y aurait plus lieu qu'au dégrèvement d'immeubles déterminés.

Je pense même que l'on pourrait, sans rétroactivité, détruire le danger si grave qui est souvent à craindre aujourd'hui, de voir des époux dissimuler un contrat de mariage, qu'ils feront apparaître plus tard, pour annuller les conventions par eux arrêtées avec des tiers de bonne foi.

En effet, toutes les fois qu'un contrat de mariage est passé au lieu du domicile du mari, il est, lors de son enregistrement, inscrit sur une table tenue à cet effet par le receveur. S'il est passé ailleurs, cette inscription s'effectue à l'aide d'un renvoi fait d'un bureau à l'autre. Dans tous les cas, on doit pouvoir, à l'aide de cette table, trouver au bureau d'enregistrement la trace du contrat de mariage, s'il y en eu de fait, ou la preuve qu'il n'en existe point. Cependant, comme cette table, qui n'a aujourd'hui qu'un but fiscal, n'est pas tenue avec la même régularité que peuvent l'être les registres du bureau des hypothèques ; et comme il arrive quelquefois qu'un contrat de mariage n'y est pas porté, quoiqu'il existe certainement, la preuve qui vient d'être indiquée n'est pas complète, et ne peut être reçue que comme une présomption.

Ce n'est pas assez pour les tiers, mais on pourrait donner à cette présomption le carac-

tère de certitude qui lui manque , si, toutes les
fois que le mari et la femme attesteraient tous
deux qu'ils n'ont pas fait de contrat de mariage ,
et rapporteraient , à l'appui de leur attestation,
un certificat du receveur de l'enregistrement ,
délivré sur leur demande, ils ne pouvaient plus,
ni l'un ni l'autre , pour attaquer la convention
passée sous la foi de déclarations ainsi justifiées
par eux-mêmes , arguer de l'existence d'un contrat par eux frauduleusement dissimulé. Cette
mesure ne pourrait être considérée comme une
atteinte à l'irrévocabilité des conventions matrimoniales ; car si les femmes mariées peuvent,
en ce qui concerne les conventions arrêtées par
elles , se retrancher derrière leur contrat de
mariage , pour éviter le préjudice que ces conventions devraient leur occasionner, il ne peut
pas s'ensuivre qu'elles ont acquis une espèce
d'impunité légale , et que leurs conventions
matrimoniales doivent couvrir d'une protection
toute puissante , non seulement les contrats
qu'elles passent , mais encore les délits qu'elles
commettent. Du moins, le législateur peut-il ordonner que les femmes mariées auront, comme
tout le monde , à subir la conséquence de

certains délits. Comme c'est là une mesure
d'ordre public, et comme tous les faits postérieurs à la promulgation des mesures de cette
nature sont atteints par elles, même quand ils
s'appuient sur de prétendus droits acquis
antérieurement, cette disposition législative ne
saurait être accusée de rétroactivité.

On pourrait ainsi, sans être exposé à aucun
danger inconnu, passer avec les femmes mariées toute espèce de conventions, autres que
celles qui concernent leurs hypothèques légales.
A l'égard de celles-ci, il est à observer que les
femmes, ayant pu en transporter l'effet à des
tiers inconnus, il n'est pas possible de détruire
les droits acquis par ces tiers, à l'aide d'un fait
qui leur resterait étranger. Obliger tous les
créanciers qui sont actuellement subrogés aux
droits des femmes mariées, à prendre une
inscription, dont ils avaient été dispensés
jusqu'à présent, donnerait lieu à de trop grands
inconvénients ; le législateur aura fait, à cet
égard, tout ce qu'il lui est possible de faire,
quand il aura ordonné l'inscription des subrogations, consenties postérieurement aux réformes par lui adoptées. (Voir le chap. 7ᵉ, § 6°.)

CHAPITRE DOUZIÈME.

DES PRIVILÉGES.

Les priviléges diffèrent essentiellement des hypothèques ; celles-ci tirent la raison de leur préférence de l'époque à laquelle la créance est née, ou a reçu la publicité exigée par la loi, tandis que les priviléges la prennent dans la cause qui a donné lieu à la créance, et leur antériorité est si éloignée de leur donner toujours plus de puissance, qu'elle est parfois le motif qui les fait passer à un rang secondaire, comme nous le verrons bientôt.

L'ordre dans lequel les divers priviléges doivent être classés offre des difficultés si nombreuses et si graves, que plusieurs auteurs recommandables ont cru qu'un texte de loi ne parviendrait pas à les résoudre, et qu'il fallait abandonner à la jurisprudence la solution de la plupart des cas qui peuvent se présenter.

Cependant, la jurisprudence, ainsi abandonnée à elle-même, donne lieu à un arbitraire qui présente les plus graves inconvénients, et c'est précisément pour éviter cet arbitraire que les lois sont établies. Les difficultés sont-elles donc tellement insolubles qu'il faille se résigner à n'avoir sur ces questions que des décisions judiciaires, et pas de loi, que des jugements qui ne s'appuient sur aucun texte législatif?

Sous le Code Civil, dans son état actuel, je crois qu'en effet il est absolument impossible d'arriver sur cette question à une solution satisfaisante; parce que la division sous laquelle sont rangés les priviléges au chap. 2e, tit. 18°, liv. 3e, étant inexacte, la doctrine est impuissante pour porter remède à cette erreur, qui doit en amener une foule d'autres à sa suite. Après avoir posé en principe (art. 2096) que les créances privilégiées doivent être classées d'après les différentes qualités des priviléges ;

il semble que, pour indiquer les divers ordres de ces créances, le législateur va prendre en considération leurs différentes qualités, et établir un classement conforme à ces principes. Mais au lieu de suivre cet errement, le seul logique, il divise, ou semble diviser, les priviléges en trois ordres différents, dont chacun est basé, non sur la qualité du privilége, mais sur la nature de l'objet auquel il s'applique ; et comme la nature de l'objet auquel un privilége s'applique, n'a souvent aucun rapport avec la qualité de ce privilége, il s'ensuit que la division adoptée par le Code Civil est aussi vicieuse, que le serait en histoire naturelle la division d'un genre en espèces, fondée sur quelques caractères qui ne seraient constitutifs ni des espèces ni du genre. Il faut, nécessairement, pour résoudre la difficulté, baser la division principale des priviléges sur les qualités des créances, et n'avoir égard, qu'en second ordre, à la nature de l'objet auquel ils s'appliquent.

D'après cette observation capitale, il semble que l'on peut, sinon donner une décision spéciale sur chacun des cas variés, jusqu'à l'infini, qui peuvent se présenter, au moins fournir les éléments généraux sur lesquels toutes ces décisions auront à s'appuyer.

D'après les articles 2095, 2096 et 2097 du Code Civil : « Le privilége est un droit que » *la qualité de la créance* donne à un créancier » d'être préféré aux autres créanciers, même » hypothécaires ;—entre les créanciers privilé- » giés, la préférence se règle *par les différentes* » *qualités* des priviléges ; — les créanciers privi- » légiés qui sont dans le même rang sont payés » par concurrence.» Ces textes, qui dominent toute la question, à cause de leur généralité même, ne peuvent pas nous guider bien sûre- ment dans les décisions particulières. Ils énon- cent que les priviléges reposent entièrement sur *la qualité des créances*, mais quelles sont les *qualités* qui font naître les priviléges, et des priviléges d'ordres différents ? C'est ce qui reste encore à déterminer.

En thèse générale, les biens du débiteur sont le gage commun de ses créanciers, et le prix s'en distribue entre eux par contribution (art. 2093) ; pour qu'il en soit autrement, il faut qu'il y ait entre les créanciers des causes légi- times de préférence (même article.)

La loi reconnaît deux causes légitimes de préférence, qui sont les *priviléges* et les *hypothèques* (art. 2094.)

Pour celles-ci, la raison de cette préférence est, que le débiteur qui pourrait céder son bien au créancier, en paiement de sa créance, a bien pu, au lieu d'une cession entière et irrévocable, lui accorder une espèce de droit de main-mise (ὑποθηκη), contre lequel les créanciers postérieurs, avertis par les formalités hypothécaires, ne doivent pas plus pouvoir revenir, qu'ils ne l'auraient pu contre une vente. De là il suit que l'hypothèque ne tire sa cause légitime de préférence, que du temps où elle a été prise, et qu'elle ne peut être opposée aux créanciers postérieurs que parce que ceux–ci doivent respecter les droits acquis avant les leurs.

Quant aux priviléges, il est des créances dont la cause est tellement respectable, tellement sacrée, que le débiteur devait les payer avant toutes les autres ; et la loi a pu transformer en *droit positif*, en faveur de ces créances, ce qui était le *devoir naturel* du débiteur, devoir que les autres créanciers sont ainsi forcés de respecter ;

Ou bien la créance privilégiée, doit son origine à un fait qui a eu lieu dans l'intérêt des autres créanciers, et dont ceux-ci demandent à recueillir le profit ; il est tout naturel qu'ils respectent des droits sans lesquels les leurs n'existeraient plus, ou auraient été compromis;

Ou bien encore, c'est le législateur qui a cru devoir accorder une faveur plus spéciale à certaines conventions.

Après un examen attentif et scrupuleux, je crois que toutes les créances privilégiées peuvent être rangées sous trois catégories principales : la première tire son origine de l'accomplissement de devoirs, auxquels les créanciers eux-mêmes sont tenus comme le débiteur ; la seconde s'applique à certains contrats ou quasi contrats qui, d'après leur nature, méritaient et ont obtenu une protection particulière de la loi ; et la troisième qui, à vrai dire, n'est qu'assez improprement rangée parmi les privilèges, comprend des conventions dont le législateur a cru devoir assurer l'exécution par des garanties spéciales.

Ces trois catégories doivent être classées dans l'ordre qui vient d'être indiqué ; car les devoirs d'un débiteur, qui sont d'une nature tellement sacrée que les créanciers même doivent les respecter, reposent sur les principes de l'équité, ainsi que sur les devoirs généraux envers l'humanité et la société, et sont d'un ordre plus relevé et d'une utilité plus considérable que tous les autres contrats; que si, parmi les conventions particulières, quelques unes ont semblé au législateur d'une assez grande importance, pour être de sa part l'objet de faveurs spéciales; les avantages ainsi accordés doivent évidemment primer les garanties ayant pour but de protéger des conventions ordinaires, et qui ne méritent pas la même considération; mais il est évident qu'elles ne doivent passer qu'après les priviléges de la première catégorie.

Toutefois, cette distinction de trois catégories principales de priviléges ne nous ferait pas sortir du vague et de l'arbitraire où nous a laissés le Code Civil; il faut donc examiner chacune d'elles en particulier, et les soumettre toutes à de nouvelles subdivisions, qui nous permettent d'arriver enfin à quelque chose de plus positif.

9

PREMIÈRE CATÉGORIE.

Priviléges qui reposent sur les devoirs auxquels les créanciers sont tenus comme le débiteur.

Cette première catégorie doit être soumise à trois subdivisions, bien distinctes, et qui embrassent, dans un ordre différent, tous les cas qui en dépendent.

En première ligne nous mettrons les priviléges qui reposent sur les principes généraux d'équité, auxquels sont subordonnés même les devoirs d'humanité. Car c'est sur ces principes que ces devoirs s'appuient, et tandis que l'humanité est toujours soumise aux règles d'équité, celles-ci existeraient encore en principe quand l'humanité ne serait pas.

Nous mettrons ensuite les priviléges qui s'appuient sur les devoirs d'humanité ; car, subordonnés à ceux qui précèdent, ils doivent être préférés à ceux qui n'ont pour objet que l'intérêt général de la société; le but de celle-ci n'étant que d'arriver à donner à l'accomplissement des devoirs de l'humanité une certitude et un appui dont ils sont dépourvus dans ce qu'on appelle l'état de nature.

Enfin, en troisième ligne se trouvent les priviléges qui ont pour but l'intérêt général et direct de la société, subordonnés aux deux premières, mais préférables aux priviléges qui ne concernent que des intérêts particuliers, et qui forment l'objet des deux autres catégories.

§ 1 — Priviléges qui reposent sur les principes généraux d'équité.

Cette espèce de priviléges se tire exclusivement des faits et actes qui ont eu lieu dans le but de l'intérêt général des créanciers. Il est évident que ceux-ci ne peuvent pas raisonnablement tirer bénéfice d'un fait ou d'un acte passé dans leur intérêt, sans tenir compte en même temps des dépenses qu'a nécessitées ce fait ou cet acte.

Voici la nomenclature des priviléges qui doivent être compris sous ce paragraphe :

1° Les frais de justice. (C. C., art. 2101, § 1°.)

Par là il faut entendre les frais qui ont été faits dans l'intérêt général des créanciers, comme ceux de scellés, d'inventaire, de saisie, de vente, de distribution de deniers, de collocation. Tous ces actes sont des mesures conservatoires, sans lesquelles les objets auraient pu être dissipés, ou n'auraient pas été soumis à l'exercice utile de l'action des créanciers. Tous ceux qui profitent du prix des objets ainsi conservés et mis à leur disposition, doivent supporter les frais occasionnés par ces mesures, puisqu'elles ont été prises dans leur intérêt.

Pour le classement de ces priviléges entre eux, je mettrais en première ligne les frais de saisie et de vente qui pourraient être retenus sur le prix; car sans la vente, les créanciers n'auraient rien pu toucher de ce qui leur est dû. Ensuite, les frais généraux de distribution ou de collocation; puisque c'est le seul moyen légal pour les créanciers qui n'ont pu se mettre d'accord, d'arriver au réglement qui doit précéder le paiement, après quoi je mettrais les frais de scellés et d'inventaire, concurremment entre eux.

Les frais particuliers de la production de chaque créancier viendraient au même rang que la créance.

Ce privilége doit passer même avant les créanciers pour la conservation de la chose, car ces mesures sont le seul moyen permis dans l'état de société, pour arriver au paiement de ce qui est dû ; or, chacun est forcé de payer les frais occasionnés par les moyens qu'il a employés, ou que l'on a raisonnablement employés pour lui.

2° Le privilége du trésor, 1° pour la contribution foncière sur les récoltes, fruits, loyers et revenus des biens immeubles sujets à cette contribution ; 2° pour les contributions mobilières, des portes et fenêtres, des patentes, et toute autre contribution directe et personnelle sur tous les meubles et autres effets mobiliers, appartenant aux redevables, en quelque lieu qu'ils se trouvent. (Loi 12 Nov. 1808.)

A proprement parler, ce privilége rentre dans la troisième section de la présente catégorie, qui comprend les priviléges reposant sur l'intérêt général et direct de la société, mais les frais de justice doivent passer avant les frais faits pour la conservation de la chose, par la raison que ceux-ci ne peuvent régulièrement s'exercer que par des moyens légaux; d'autre part, la justice ne peut avoir son cours que dans un état de société bien organisé, et la société elle-même ne se soutient qu'à l'aide des impôts qui, perçus régulièrement, permettent de maintenir un corps de magistrats pour rendre la justice à tous, et la force armée, qui doit faire exécuter les décisions de la justice. Ainsi, comme le gouvernement ne peut exister qu'à la condition d'être certain de la perception régulière des contributions qui ont une base fixe, et qui forment la partie principale de son revenu, telles que sont les contributions directes, on doit classer ce privilége, je le répète, même avant les frais faits pour la conservation de la chose.

Cependant, les frais de justice doivent lui être préférés, parce que sans ces formalités, le gouvernement lui-même ne pourrait exercer son droit; car le pouvoir exécutif ne doit avoir d'action sur les biens des citoyens que par l'intermédiaire du pouvoir judiciaire.

Mais les contributions indirectes ne doivent

pas jouir de la même faveur, parce que, par leur nature, elles sont tellement variables que le Gouvernement n'a pas dû compter d'une manière aussi absolue sur la rentrée de tout ce qu'elles peuvent produire, et il ne doit pas, pour arriver à la perception d'un droit qui pouvait ne pas naître, être préféré à des créances aussi sacrées que peuvent l'être les priviléges compris dans les deux premières sections de la présente catégorie.

3º Les frais faits pour la conservation de la chose (art. 2102, § 3º).

Je crois que l'on doit ranger parmi eux les frais de voiture et les dépenses accessoires sur la chose voiturée (art. 2102, § 6º).

Presque toujours ces frais ont pour objet de transporter une chose d'un endroit où elle n'a pas toute sa valeur, à un autre où la vente doit être plus facile et plus avantageuse, et même dans les autres cas, comme le voiturier ne peut être juge du plus ou moins d'opportunité de la commission dont il a été chargé, il doit encore conserver le même privilége sur la chose qu'il détient.

4º Les sommes dues pour les semences, ou

pour les frais de la récolte de l'année, sur le prix de la récolte (C. C. art. 2102 , § 1°).

Sans la culture, les immeubles ruraux ne rempliraient pas leur destination, car ils resteraient improductifs, et le droit de propriété même prend son principe dans l'utilité que l'on peut tirer des objets appropriés ; il est très nécessaire que les terres ne restent pas en friche, et d'ailleurs elles éprouveraient ainsi une grave détérioration. Ces considérations autorisent à classer ce privilége sous la présente section, et immédiatement après les frais faits pour la conservation de la chose.

Le privilége pour le prix des ustensiles ne paraît pas aussi nécessaire. Sans parler des fraudes auxquelles il peut donner lieu, quand un cultivateur est réduit à ce point de détresse de ne pouvoir acheter les ustensiles nécessaires à la culture, il éprouvera toujours, même avec l'établissement de ce privilége, des difficultés pour les obtenir, mais il ne devra pas pour cela laisser les terres en friche, il pourra louer ces ustensiles, ou faire faire la culture moyennant un salaire, et ces frais seront privilégiés ainsi qu'il vient d'être dit.

5° Les loyers et fermages des immeubles, les réparations locatives, et tout ce qui concerne l'exécution du bail, sur les fruits de la récolte de l'année, et sur le prix de tout ce qui garnit la maison louée ou la ferme, et de tout ce qui sert à l'exploitation de la ferme (C. C. art. 2102, § 1°).

La maison louée ou la ferme conservent les objets y déposés, qui, sans cela, auraient été, pour ainsi dire, laissés à l'abandon, et n'auraient pas tardé à être divertis; de plus, la ferme louée étant l'objet qui a produit les fruits et les ré-coltes, ces productions doivent subir le prélève-ment des loyers dus au propriétaire.

6° Les fournitures d'un aubergiste sur les effets du voyageur, qui ont été transportés dans son auberge.

L'aubergiste, en ce cas, est un véritable locateur, et toutes les raisons que l'on vient de faire valoir en faveur du propriétaire peuvent pareillement s'appliquer à lui.

(1) 7° Les droits de pilotage, tonnage, cale, amarrage et bassin ou avant-bassin.

(1) Quoique les priviléges créés par le Code de Commerce ne rentrent qu'indirectement dans l'objet de ces études, j'ai cru

Les gages du gardien et frais de garde du bâtiment, depuis son entrée dans le port jusqu'à la vente.

Le loyer des magasins où se trouvent déposés les agrès et apparaux.

Les frais d'entretien du bâtiment et de ses agrès et apparaux, depuis son entrée dans le port.

Sur le navire vendu (C. Co. art. 191, § 2°, 3°, 4° et 5°).

Tous ces frais ont lieu pour conserver le navire, et sont les derniers faits pour cet objet (1).

Ils doivent venir entre eux en concurrence.

8° Les frais d'entretien du bâtiment et de ses agrès et apparaux, pendant le dernier voyage.

Les sommes prêtées au capitaine pour les besoins du bâtiment pendant le dernier voyage, et le remboursement du prix des marchandises par lui vendues pour le même objet.

devoir les y comprendre, pour prouver qu'ils se plient, aussi bien que les priviléges du droit civil, aux principes généraux développés ci-dessus.

(1) Voir la fin de ce paragraphe.

Les gages et loyers du capitaine et autres gens de l'équipage, employés au dernier voyage.

Sur le navire vendu (C. Co. art. 191, § 6° et 7°).

Sans ces frais, le navire n'aurait pu rentrer au port, et aurait peut-être péri‾ dans la traversée.

Ils doivent venir en concurrence, peut-être même qu'un motif d'humanité devrait faire passer les gages et loyers dus au capitaine et autres gens de l'équipage avant les deux autres.

9° Le montant de la contribution par suite de jet à la mer.

Sur les marchandises ou le prix en provenant (C. Co. art. 428).

Les avaries.

Sur les marchandises du chargement (C. Co. art. 308).

Ce sont des risques que les chargeurs étaient forcés de courir, et les créanciers ne peuvent prétendre s'approprier la marchandise, sans supporter les conséquences de ce risque.

10° Les loyers des matelots.

Sur le fret (C. Co. art. 271).

Il faut distinguer les marins des autres commissionnaires de transport. Les marins sont chargés de conserver , au péril de leurs jours , le navire exposé à toutes les fortunes de la mer ; quand ils l'ont ramené au port, ils doivent être considérés comme ayant conservé la chose , et avoir un privilége en conséquence.

Une observation très importante à faire sur les priviléges résultant de la conservation de la chose, c'est qu'à leur égard, il faut toujours avoir soin d'examiner si l'acte qui a conservé la chose est antérieur ou postérieur aux autres créances privilégiées ; car les priviléges antérieurs , qui , sans cet acte, auraient perdu l'objet même qui fait leur garantie, doivent être primés par le nouveau créancier , auquel ils doivent la conservation de cet objet ; au contraire , si la chose court une seconde fois le danger de périr, et est de nouveau sauvée par un autre créancier , celui-ci devra être à son tour préféré à celui qui l'avait conservée précédemment, car sans cela ce dernier n'aurait plus de garantie du tout. A la différence des hypothèques qui puisent leur cause de préférence dans l'antériorité du jour où elles ont été consenties ou inscrites , les priviléges qui résultent du fait de la conservation de la chose sont classés en sens inverse , et les derniers sont les premiers. La raison en est que l'hypothèque est un droit acquis , auquel il ne peut être porté préjudice par d'autres droits qui ne sont nés qu'ultérieurement, tandis que les priviléges pour la conservation de la chose , tirant leur force de leur utilité , et n'étant utiles qu'aux priviléges déjà nés , ne doivent être préférés qu'à eux , et doivent céder le pas à d'autres priviléges postérieurs, auxquels ils n'ont apporté aucune utilité réelle.

Par exemple , le privilége des frais faits pour la conservation de la chose doit être préféré aux loyers et fermages , s'il est né postérieurement à la créance , ou à partie de la créance , pour laquelle le propriétaire réclame un privilége ; il doit être , au contraire , primé par le privilége du propriétaire pour la partie de la créance de celui-ci postérieure à la naissance du privilége pour la conservation de la chose. Dans le premier cas , en effet , sans celui qui a conservé la chose , le propriétaire aurait perdu ses droits; dans le second , sans l'immeuble loué où la chose a été déposée, elle aurait pu être divertie, et celui qui l'avait précédemment conservée aurait perdu son recours.

Nous avons encore à remarquer, en terminant ce paragraphe :

1° Que les divers priviléges y compris quand ils se trouvent en concurrence, doivent être classés dans l'ordre indiqué ci-dessus.

2° Qu'ils ne doivent peser que sur les biens au sujet desquels ils ont pris naissance.

§ 2° — Priviléges qui reposent sur les devoirs généraux de l'humanité.

Sous ce paragraphe on doit comprendre.

1° Les frais funéraires.

2° Les frais quelconques de la dernière maladie concurremment entre ceux à qui ils sont dus.

3° Les salaires des gens de service pour l'année échue, et ce qui est dû sur l'année courante.

4° Les fournitures de subsistances faites au

débiteur et à sa famille, savoir ; pendant les six derniers mois, pour les marchands en détail, tels que boulangers, bouchers et autres, et, pendant la dernière année, pour les maîtres de pension et marchands en gros.

(C. Co. art. 2101 , § 2°, 3°, 4° & 5°).

Ces priviléges viennent entre eux dans l'ordre indiqué ci-dessus.

Ils grèvent la généralité des biens meubles et immeubles, mais ils ne doivent être pris sur les immeubles que lorsque les créanciers ainsi privilégiés, sans qu'il y ait eu faute grave de leur part, n'ont pu être remplis sur les valeurs mobilières.

Ils peuvent être réduits, en cas d'excès.

§ 3 — Priviléges qui reposent sur l'intérêt général et direct de la société.

On doit comprendre sous ce paragraphe ;

1° Le privilége du trésor pour les droits de timbre, et les amendes de contraventions y relatives, sur tous les meubles et autres effets mobiliers des redevables, en quelque lieu qu'ils se trouvent. (Loi 28 Avril 1816, art. 76.) (1)

2° Le privilége de l'administration de l'enregistrement, pour les droits de mutation après décès, et pour les amendes sur les déclarations faites après ces mutations, sur tous les biens meubles et immeubles de la succession. (Loi 22 Frimaire, an 7, art. 32.) (2)

3° Le privilége de l'administration des contributions indirectes, sur les meubles et effets mobiliers des comptables, pour leurs débets, et sur ceux des redevables pour les droits. (Loi 1er Germinal, an 13, art. 47.) (3)

(1) Peut-être ne devrait-on classer les amendes qu'après tous les autres priviléges, de quelque nature qu'ils soient.

(2) Ce privilége n'est pas bien clairement établi par la loi actuelle. Cependant, comme tous les héritiers sont solidaires, il faut que l'administration ait un privilége, afin que ceux des héritiers qui auront tout payé puissent être subrogés dans son effet, et avoir autre chose qu'un recours personnel, ressource très souvent illusoire. Pour les amendes, voyez ce qui a été dit au sujet des amendes de timbre.

(3) La loi qui vient d'être citée donne la préférence aux contributions indirectes, même sur le propriétaire, pour tout ce qui excède six mois de loyer. J'ai expliqué, au § 1°, N° 2°, pourquoi je ne faisais passer le privilége des contributions

4° Le privilége de l'administration des douanes sur les meubles et effets mobiliers des comptables pour leurs débets, et sur ceux des redevables pour les droits. (Loi 6 Août 1791, tit. 13, art. 22. — Loi 4 Germinal, an ii, tit. 6, art. 4.)

Comme l'administration des douanes ne perçoit de droits que sur les marchandises qui

indirectes qu'après tous ceux qui se trouvent énumérés aux deux paragraphes qui précèdent. Ces raisons, malgré le texte de la loi du 1er Germinal, an xiii, me font persister dans mon opinion. Il me semble que certains principes sont assez sacrés pour qu'un Gouvernement libéral donne lui-même l'exemple du respect qui leur est dû. Cependant, si la perception rigoureuse de tous les droits provenant des contributions indirectes était indispensable à l'existence du Gouvernement, ce que les financiers seuls peuvent décider, il faudrait ranger ce privilége sous le premier paragraphe, immédiatement après les *Contributions Directes*; mais alors, si on ne veut pas se jeter dans d'inextricables difficultés, il faut lui attribuer ce rang sans aucune restriction, et sans avoir égard aux droits du propriétaire, qui, ne devant être classés qu'après plusieurs autres priviléges, tels que les frais faits pour la conservation de la chose et les frais de semences et de récoltes, ne pourraient se combiner avec le privilége des contributions indirectes, qui devrait passer avant ces mêmes frais, sans la plus étrange confusion.

10

passent dans ses mains, il me semble que son privilége sur les redevables est trop étendu, et devrait être restreint sur les marchandises qu'elle détient, et dont elle peut conserver la possession jusqu'à l'acquittement des droits. Si elle a eu confiance dans le crédit de son débiteur, elle doit supporter elle-même, et non faire supporter aux autres, les suites de cette confiance.

5° Le privilége sur les cautionnements des notaires, agents de change, courtiers de commerce, avoués, greffiers, huissiers et commissaires-priseurs, pour la garantie des condamnations qui pourraient être prononcées contre eux, par suite de l'exercice de leurs fonctions. (Loi 25 Ventôse, an XIII, art. 23 — C. C. art. 2102, § 7°.)

6° Le privilége du trésor sur les biens meubles et immeubles des condamnés, pour le recouvrement des frais de justice criminelle, correctionnelle, et de police. (Loi 5 Sept. 1807.)

Ce privilége, qui, quant aux immeubles, est assujetti à l'inscription dans un certain délai, ne peut nuire à des droits précédemment acquis par des tiers (art. 4 de la loi précitée) ; mais il ne faudrait pas lui faire produire ses effets à partir du jour de la délivrance du mandat d'arrêt, qui peut rester ignoré du public, on ne devrait les faire remonter qu'à la date de la mise à exécution de ce mandat, soit par l'arrestation, soit par l'accomplissement des formalités indiquées par les art. 105 et 109 du Code d'Ins. Crim.

7° Le privilége sur le cautionnement des condamnés pour délits, pour 1° le paiement des réparations civiles et des frais avancés par la partie civile; 2° et dans un ordre secondaire des amendes (C. Ins. Crim. art. 121).

8° Le Privilége du trésor public sur les biens meubles des comptables et sur les immeubles par eux acquis à titre onéreux postérieurement à leur nomination (Loi 5 Septembre 1807).

9° Le privilége du trésor de la Couronne sur les biens meubles des comptables et sur les immeubles par eux acquis à titre onéreux postérieurement à leur nomination (Loi 5 Septembre 1807.—Avis du Conseil d'état du 25 Février 1808).

10° Le privilége du trésor et des établissements publics sur les cautionnements des comptables.

11° Le privilége du trésor pour les frais de jugement de déclaration de faillite, d'insertion de ce jugement dans les journaux, d'apposition de scellés, d'arrestation et d'incarcération du failli, lorsque les deniers appartenant à la faillite ne peuvent suffire immédiatement à ces frais, sur les premiers recouvrements. (C. Co. art. 461.)

12° Le privilége des villes où un octroi est établi, sur le cautionnement des préposés. (Loi 28 Avril 1816, art. 159).

13° Le privilége de la ville de Paris sur le cautionnement des bouchers, sur la valeur estimative des étaux vendus ou supprimés et rachetés par le commerce de la boucherie, sur ce qui leur est dû pour viande fournie et sur leurs créances pour peaux et suifs, à raison du crédit accordé par la ville aux bouchers. (Décrets 6 Février 1811. art. 31.—15 Mai 1813 art. 4).

Je crois que les priviléges compris sous le présent paragraphe doivent être classés dans l'ordre indiqué ci-dessus, au surplus, s'il y a des observations à faire sur ce point, c'est aux financiers plutôt qu'aux jurisconsultes à les préciser.

DEUXIÈME CATÉGORIE.

Priviléges qui reposent sur la faveur spéciale que méritent certains contrats.

1º Privilége des architectes, entrepreneurs, maçons et autres ouvriers employés pour édifier, reconstruire ou réparer des bâtiments, canaux et autres ouvrages quelconques, pourvu néanmoins que, par un expert nommé d'office par le tribunal de première instance dans le ressort duquel les bâtiments sont situés, il ait été dressé préalablement un procès-verbal à l'effet de constater l'état des lieux relativement aux ouvrages que le propriétaire déclarera avoir dessein de faire, et que les ouvrages aient été, dans les six mois au plus de leur perfection, reçus par un expert également nommé d'office. Mais le montant du privilége ne peut excéder les valeurs constatées par le second procès-verbal, et il se réduit à la plus-value existante à l'époque de l'aliénation de l'immeuble, et résultant des travaux qui y ont été faits. (C. C. , art. 2103, § 4°.)

Une hypothèque sur l'immeuble n'aurait pas été suffisante, car d'autres hypothèques antérieures, s'étendant à toutes les améliorations survenues à l'immeuble (C. C. , art. 2133), auraient pu rendre son effet inutile. Ce qu'il fallait accorder, c'est ce qu'a en effet accordé le Code, un privilége, mais seulement sur la plus-value résultant des travaux, et subordonné à la formalité de la transcription. (C. C. , art. 2110.)

Toutefois, il ne faut pas oublier que si les travaux ainsi effectués n'avaient pas seulement pour objet des réparations utiles, mais étaient indispensables pour la conservation de l'immeuble, cette circonstance, qui devrait être formellement exprimée dans l'expertise et le jugement autorisant les travaux, les ferait rentrer dans les frais faits pour la conservation de la chose ; dans ce cas, ils devraient s'étendre sur le prix entier de l'immeuble ainsi conservé, et être classés dans la première catégorie, paragraphe troisième.

2° Privilége de ceux qui ont prêté les deniers

pour payer ou rembourser les ouvriers , pourvu que cet emploi soit authentiquement constaté par l'acte d'emprunt et par la quittance des ouvriers. (C. C., art. 2103 , § 5°.)

3° Privilége des soustraitants sur les sommes dues aux entrepreneurs pour le compte de l'état. (Loi 26 Pluviose , an II. — Décrets 13 Juin et 12 Décembre 1806.)

4° Privilége des concessionnaires qui ont opéré le dessèchement d'un marais. (Décret 16 Septembre 1807.)

5° Privilége des bailleurs de fonds pour l'exploitation d'une mine. (Décret 21 Avril 1810.)

Chacun de ces priviléges s'applique à un objet différent , ils ne peuvent donc se trouver en concurrence.

TROISIÈME CATÉGORIE

Privilèges ayant pour but d'assurer l'exécution de quelques conventions particulières.

L'art. 2095 définit le privilége un droit que *la qualité de la créance* donne à un créancier d'être préféré aux autres créanciers même hypothécaires.

En effet, nous avons vu dans la première catégorie des créances auxquelles des motifs d'équité, d'humanité ou d'intérêt public confèrent une *qualité* qui les rend préférables aux autres.

Sous la deuxième catégorie nous trouvons encore des créances qui, dans le besoin de ne pas laisser improductifs les terrains propres aux constructions, de ne pas laisser tomber en ruines des édifices existants, de rendre à la culture des marais malsains, ou d'exploiter les richesses que le sol renferme dans son sein, puisent une *qualité* que n'ont pas les créances ordinaires.

Ces deux premières catégories ne contiennent que de véritables priviléges dans toute l'acception du mot, tels que les comprend la définition portée ci-dessus.

Dans la troisième au contraire, nous allons nous occuper de créances qui possèdent une cause légitime de préférence, et que le législateur a cru devoir, en conséquence, ranger parmi les priviléges (art. 2094) mais comme elles ne tirent pas cette cause de préférence de leur *qualité*, elles ne rentrent pas entièrement dans la définition posée par l'art. 2095, et ne forment que des priviléges d'un ordre secondaire, des demi-priviléges, pour ainsi dire, lesquels en ce qui concerne les biens meubles, ne sont en réalité qu'une espèce d'hypothèque sur cette sorte de biens, avec droit de préférence, mais sans droit de suite.

Ainsi, pour expliquer ma pensée par un exemple, le gage donne au créancier un droit de préférence que le code range parmi les priviléges, cependant la *qualité* de la créance n'influe en rien sur la formation de ce droit :

on peut à l'aide du contrat de gage assurer
l'exécution de la plupart des créances, quelle
que soit leur cause, quelle que soit leur qualité ;
il suffit qu'elles aient une existence légale.
Evidemment ce n'est pas là un privilége, c'est
une garantie, une sorte d'hypothèque mobilière
résultant d'une convention privée.

C'est dans un autre ordre d'idées que nous
devons chercher la raison de cette nouvelle
espèce de priviléges, pour me servir d'un mot
impropre mais consacré.

Ils me paraissent tirer leur origine de deux
causes différentes :

1° Les uns prennent leur source dans les
principes qui ressortent de l'art. 1184 du code
civil, ainsi conçu : « La condition résolutoire
» est toujours sous-entendue dans les contrats
» synallagmatiques, pour le cas où l'une des
» parties ne satisfera point à son engagement.
» Dans ce cas, le contrat n'est point résolu de
» plein droit. La partie envers laquelle l'enga-
» gement n'a point été exécuté, a le choix ou
» de forcer l'autre à l'exécution de la conven-
» tion, lorsqu'elle est possible, ou d'en deman-
» der la résolution avec dommages-intérêts.

» La résolution doit être demandée en justice,
» et il peut être accordé au défendeur un délai
» selon les circonstances. »

Ainsi dans un contrat synallagmatique, celle des parties envers laquelle l'autre n'a pas rempli ses engagements, a deux moyens pour éviter le dommage qui pourrait lui être occasionné.

Elle peut demander la résolution du contrat, et alors, pour que cette ressource ne soit pas illusoire, il faut que la résolution s'opère ; quand la nature de l'engagement le permet, franche de toutes charges et hypothèques consenties par la partie qui a manqué à ses engagements ; c'est aussi ce que décident les articles 1183 et 2185 du Code.

Elle peut exiger l'exécution de la convention, lorsque cette exécution est possible. Ce moyen, qui n'apporte pas dans les affaires une aussi grande perturbation que le précédent, et qui est ordinairement moins rigoureux devait être vu favorablement par le législateur ; mais pour que la partie qui consent à l'employer le puisse faire sans danger, il faut, comme pour le cas de résolution, qu'elle soit à l'abri des charges et hypothèques qui ont pu être consenties par l'autre partie ; c'est pourquoi la loi accorde en ce cas un privilége qui passe avant ces charges et hypothèques.

2° Les autres dérivent d'une convention qui a stipulé ce droit de préférence.

Toutefois, comme la garantie à donner aux conventions particulières ne doit pas aller jusqu'à compromettre les droits des tiers, ces priviléges sont accompagnés, en ce qui concerne les immeubles, de précautions telles que leur existence ne puisse être ignorée ; et ils ne peuvent s'exercer, quant aux objets mobiliers, qu'autant que ceux-ci sont en la possession du débiteur (art. 2102). Autrement, il y aurait une contradiction frappante avec la sage prescription de l'art. 2279, qui porte qu'en fait de meubles la possession vaut titre, et avec l'art. 2119 , qui n'accorde pas de droit de suite sur les meubles ; mais une possession publique est suffisante pour mettre les tiers attentifs sur leurs gardes.

Voici les priviléges qui doivent être rangés dans cette classe.

1° Privilége du vendeur, sur l'immeuble

vendu, pour le paiement du prix ; de l'échangiste, sur l'immeuble donné en échange, pour le montant de la soulte stipulée ; du donateur, sur l'immeuble donné, pour les charges imposées à la donation.

S'il y a plusieurs ventes successives, dont le prix soit dû en tout ou partie, le premier vendeur est préféré au second, le deuxième au troisième, et ainsi de suite (C. C., art. 2103, § 1). Le même principe doit s'appliquer aux échanges et aux donations.

2° Priviléges de ceux qui ont fourni les deniers pour l'acquisition d'un immeuble, pourvu qu'il soit authentiquement constaté par l'acte d'emprunt que la somme était destinée à cet emploi, et par la quittance du vendeur, que ce paiement a été fait des deniers empruntés. (C. C., art. 2103, § 2°.)

3° Privilége des cohéritiers, sur les immeubles de la succession, pour la garantie des partages faits entre eux, et des soultes ou retour de lots. (C. C., art. 2103, § 3°.)

4° Privilége du vendeur, pour le prix d'effets mobiliers non payés, s'ils sont encore en la possession de l'acheteur, soit qu'il ait acheté à terme ou sans terme, sur les **effets vendus.** (C. C. , art. 2102 § 4°.)

5° Privilége du créancier sur le gage dont il est saisi. (C. C. , art. 2102 , § 2°.)

6° Privilége de l'antichrésiste.

Exigeant l'inscription de l'antichrèse, je serais d'avis, si on la conserve, de la considérer comme un droit réel, opposable aux créanciers inscrits postérieurement ; mais, comme son existence pourrait, en cas de vente, déprécier l'immeuble, et par conséquent porter préjudice à tous les créanciers, même à ceux qui seraient inscrits avant l'antichrésiste, il faudrait que, dans le cas où il y aurait des créanciers ainsi inscrits, la vente eût lieu sans aucun égard à l'antichrèse. Cette condition, que je crois nécessaire, équivaut à peu près à demander la suppression du privilége de l'antichrésiste, et, en vérité, je ne sais si ce serait un malheur, je n'ai presque jamais vu cette condition servir qu'à dissimuler une fraude contre les créanciers, ou un contrat usuraire entre les contractants.

7° Privilége de second ordre des bailleurs de fonds sur les cautionnements des notaires. agents

de change , courtiers de commerce , avoués ,
greffiers , huissiers et commissaires-priseurs,
(Loi 25 Nivose an XIII. — Décret 28 Août 1808
et 22 Décembre 1812.)

Ces bailleurs de fonds ont une possession
fictive par l'inscription de leur privilége sur le
cautionnement.

8° Privilége de premier ordre des facteurs de
la halle de Paris, sur le produit du dépôt de
garantie de chaque boulanger pour les farines
livrées sur le carreau de la halle , et dont la
livraison est justifiée par le contrôle de l'inspec-
teur , ou par toute autre pièce authentique.
(Décret 27 Février 1811.)

La ville de Paris a la possession de ce dépôt
de garantie, tant pour elle que pour les facteurs
de la halle.

9° Privilége du commissionnaire, pour ses
avances , sur les marchandises, ou le prix des
marchandises qui lui ont été livrées d'une autre
place. (C. Co., art. 93 , 94.)

10° Privilége sur le navire pour :

1° Les sommes dues au vendeur , aux four-
nisseurs et employés à la construction, si le
navire n'a point encore fait de voyage.

2° Les sommes dues aux créanciers, pour fournitures, travaux, main-d'œuvre, pour radoub et victuailles, armement et équipement avant le départ du navire, s'il a déjà navigué.

3° Les sommes prêtées à la grosse sur le corps, quille, agrès, apparaux, pour radoub, victuailles, armement et équipement, avant le départ du navire.

4° Le montant des primes d'assurances faites sur les corps, quille, agrès, apparaux, sur armement et équipement du navire, dues pour le dernier voyage.

5° Les dommages et intérêts dus aux affréteurs pour le défaut de délivrance de marchandises qu'ils ont chargées, ou pour remboursement des avaries souffertes par lesdites marchandises par la faute du capitaine ou de l'équipage.

(C. Co. , art. 191 , § 8°, 9°, 10°, 11°.)

11° Privilége du capitaine de navire pour son fret sur les marchandises du chargement, pendant quinzaine après leur délivrance, si elles n'ont pas passé en mains tierces. (C. Co. art. 307.)

La possession n'est en effet nécessaire, pour assurer le privilége, qu'en ce qui concerne les tiers, et l'exception contenue dans cet article, qui attribue encore le privilége, quand le créancier a déjà depuis quelques jours perdu la possession, est une facilité accordée aux usages du commerce. Le même motif existerait peut-être en faveur du voiturier, pour lui accorder un certain délai, pendant lequel il conserverait son privilége sur les marchandises remises au destinataire.

Si, comme je le propose, on supprime l'antichrèse, de tous les priviléges compris au présent paragraphe, il n'y a que les trois premiers qui affectent des immeubles, et l'ordre à observer entre eux est déterminé par le deuxième alinéa du § 1°, art. 2103 C. C. Quant à tous les autres, qui ne s'appliquent qu'à des biens meubles, comme ils sont fondés sur la possession, dans les cas assez peu fréquents où ils peuvent se trouver en concurrence, il est toujours facile de les classer, et les derniers doivent être les premiers, puisque c'est le possesseur actuel, c'est-à-dire le dernier possesseur qui a droit au privilége; ainsi, pour donner un exemple de plusieurs possesseurs en commun, si un créancier gagiste confie le gage à un voiturier qui le dépose dans une auberge, l'aubergiste devra passer en première ligne, le voiturier en deuxième, et le créancier en dernière, parce que la possession plus ou moins réelle de l'objet a passé successivement du créancier gagiste au voiturier et de celui-ci à l'aubergiste. Et enfin si la possession existe simultanément en faveur de plusieurs de ces créanciers, ils doivent venir entre eux en concurrence.

CHAPITRE TREIZIÈME.

OBSERVATIONS RELATIVES A LA DIVISION DES PRIVILÉGES EN TROIS CATÉGORIES.

La nomenclature qui précède des divers priviléges me paraît justifier la division que nous en avons faite en trois catégories. Dans les deux premières nous voyons de véritables priviléges appuyés uniquement sur la qualité de la cause qui leur a donné lieu et dont l'effet rétroactif ne s'arrête devant aucun fait antérieur, parce que cette qualité est absolument indépendante du temps où le privilége a pris naissance; la seule différence que nous rencontrions entre elles est que l'une s'appuie entièrement sur l'ordre public, tandis que la seconde ne le touche que d'une manière

indirecte. Dans la troisième, au contraire,
nous ne voyons que des demi-priviléges,
pour ainsi dire, résultant de certaines conventions privées et qui ne peuvent rétroagir
au delà de ces conventions.

Nous avons encore une remarque à faire
sur une question qui n'a pas peu contribué à
jeter de la confusion dans la matière des
priviléges. Plusieurs auteurs ont souvent ap-
puyé leurs raisonnements sur cette idée qu'il
suffit qu'un fait ou qu'un contrat profite à
tous les créanciers, pour avoir droit à un
privilége, quelques uns même ont été jusqu'à penser que ce privilége devait passer
avant tous les autres. Leur opinion paraît
juste au premier abord, car personne ne
peut s'enrichir aux dépens d'autrui et l'on ne
doit pas en général s'approprier le bénéfice
d'un fait ou d'un contrat, sans en accepter
en même temps les charges. Mais avec cette
opinion, si on l'admet sans aucune restriction,
on arriverait à anéantir tous les priviléges.
En effet, ils ne peuvent s'exercer que sur
les biens dont le débiteur est propriétaire,
et leur droit de préférence n'est utile que

dans le cas où ces biens ne sont pas suffisants pour payer tous les créanciers. Quand ce cas se présente, si l'opinion que nous venons de rapporter était admise sans aucun correctif, chaque créancier postérieur aux prétendant privilége viendrait leur dire qu'ils ne peuvent tirer bénéfice du contrat par lui passé avec le débiteur, sans en accepter les charges, et qu'ils ne peuvent ainsi s'approprier les valeurs remises au débiteur, avant que ceux qui lui ont remis ces valeurs soient indemnisés. Cette prétention aurait pour effet d'établir de véritables hypothèques tacites sur tous les biens meubles et immeubles du débiteur et renverserait tout le système du Code Civil en même temps qu'il jetterait dans les affaires la plus grande perturbation. Il n'y aurait plus de priviléges, et bien différents des créanciers ayant hypothèque qui prennent rang d'après l'antériorité de leurs créances, les créanciers chirographaires, auraient une espèce d'hypothèque générale et tacite qui fixerait leur rang en sens inverse, c'est-à-dire que ce serait le dernier créancier, celui qui aurait contracté au moment où le débiteur était déjà insolvable, qui devrait être préféré à tous ceux qui le précèderaient. Mais puisque, ainsi que je crois l'avoir démontré, il est juste que la loi admette à l'égard de certains créanciers des causes de préférence soit privilégiées soit hypothécaires; il faut penser qu'il ne suffit pas qu'un contrat ait pour résultat de profiter aux autres créanciers, pour avoir droit à un privilége, il faut encore qu'il ait eu lieu *dans le but de leur être utile.* Sans cette dernière condition, aucune obligation n'existe de la part des privilégiés envers des créanciers qui ont consenti à suivre la foi de leur débiteur, mais là où elle se rencontre, ils doivent respecter l'acte qui a été justement fait dans leur intérêt.

CHAPITRE QUATORZIÈME.

DE L'INSCRIPTION DES PRIVILÉGES SUR LES IMMEUBLES.

Des priviléges compris sous le premier paragraphe de la première catégorie, deux seulement peuvent frapper sur les immeubles :

1º Les frais de justice.

Ils doivent être dispensés de la formalité; chacun sait, sans avoir besoin d'aucun avertissement, qu'il pourra ne toucher sa créance qu'après l'accomplissement des formalités judiciaires.

2º Les frais faits pour la conservation de l'immeuble.

L'action du créancier pour ces frais dure trente ans, et peut être inconnue aux tiers qui traiteraient avec le propriétaire après un temps plus ou moins éloigné. Je crois donc qu'on doit la soumettre à la formalité de l'inscription.

A cet effet, dans la quinzaine qui suivrait le commencement des travaux, le créancier devrait introduire devant le tribunal de première instance du lieu de la situation de l'immeuble, une demande à fin de privilége et inscrire la prénotation de cette demande (1). Le tribunal nommerait un expert chargé d'examiner la nécessité des travaux, et d'évaluer, dans les six mois après leur achèvement, les dépenses qu'ils auront occasionnées. Le rapport de l'expert serait homologué par le tribunal, sur les conclusions du ministère public. Enfin dans le mois qui suivrait l'expertise, le créancier devrait remplacer sa prénotation par une inscription régulière.

La contribution foncière, dont le privilége se trouve classé sous le même paragraphe, ne frappant que sur les fruits, ne doit pas être inscrite sur l'immeuble.

(1) Voir le Chapitre 7, § 5°.

Les priviléges du deuxième paragraphe de la première catégorie doivent, par leur nature, être dispensés de l'inscription; mais ils ne frappent que subsidiairement sur les immeubles, et pourraient être réduits en cas d'excès.

Quant aux formalités imposées au gouvernement, au sujet des priviléges qui font l'objet du paragraphe suivant de la même catégorie, je ne vois rien à ajouter aux observations que j'ai déjà posées en écrivant ce paragraphe.

Quatre des priviléges compris sous la deuxième catégorie doivent être assujettis à la formalité de l'inscription; ce sont :

1° & 2° Le privilége des architectes et des entrepreneurs, et de leurs bailleurs de fonds.

Les formalités imposées par l'art. 2,103, § 4°, me paraissent suffisantes.

Quelques personnes se sont, à mon gré, mal à propos effrayées de ce qu'aucun délai n'est imposé pour l'inscription du second procès-verbal des experts, qui évalue la dépense des travaux effectués. Mais comme le privilége ne peut jamais s'exercer que sur *la plus value existante à l'époque de l'aliénation et résultant de ces tra-*

vaux (art. 2,103, § 4°), l'évaluation des experts
ne peut servir que d'un renseignement ap-
proximatif ; une seule inscription suffit pour
prévenir les tiers de l'existence du privilége sur
la plus value, qui ne pourra être positivement
connue que lors de l'aliénation. Sans doute,
il vaut mieux que cette seconde inscription
soit prise ; mais s'il n'en est rien, il ne doit
pas en résulter de bien graves inconvénients.

3° & 4° Le privilége des concessionnaires qui
ont opéré le dessèchement d'un marais, et des
bailleurs de fonds pour l'exploitation d'une
mine.

Les précautions prises par les décrets du
16 Septembre 1807 et 21 Avril 1810 me paraissent suffisantes.

Parmi les priviléges de la troisième catégorie,
les seuls qui frappent sur des immeubles et
qui puissent par conséquent être assujettis à la
formalité de l'inscription, sont ceux que la loi
a attachés aux créances pour : 1° les prix de
ventes d'immeubles ; 2° les soultes d'échanges ;
3° les charges des donations ; 4° les prêts pour
l'acquisition d'un immeuble ; 5° les garanties
des partages et les soultes ou retour des

lots. Je crois que l'on doit, à leur égard, se borner à conserver les mesures prises par notre Code.

Quant aux priviléges sur les meubles, conformément aux principes posés dans les art. 2119 et 2279 du Code Civil, ils n'ont pas de droit de suite.

CHAPITRE QUINZIÈME.

DE CERTAINS DROITS QUE L'ON RANGE QUELQUEFOIS PARMI LES PRIVILÉGES.

L'art. 2111 du Code Civil classe parmi les priviléges le droit accordé aux créanciers et légataires par les art. 878 et suivants du même Code, de demander la séparation du patrimoine du défunt du patrimoine de l'héritier. Mais ainsi que M. Troplong l'a très bien prouvé dans son traité des priviléges et hypothèques (T. 1. § 323) ce droit qui ne fait que mettre obstacle à la confusion de deux patrimoines différents, n'est pas, à proprement parler, un privilége, car les priviléges s'appuient sur la qualité de la créance qui n'influe en aucune manière sur la séparation des patrimoines. Celle-ci tire sa cause uniquement d'un changement de débiteur et elle ne détermine pas l'ordre des créanciers entre eux, elle ne fait que tenir séparées deux classes de débiteurs qui allaient se confondre.

Sous le rapport de la publicité, il faut maintenir la formalité de l'inscription exigée par le Code, mais au lieu de requérir cette inscription sur chacun des immeubles, on pourrait n'en former qu'une seule au bureau des hypothèques du lieu de l'ouverture de la succession (V. le chap. 4 § 8°, et le chap. 5).

Quant au rang qui doit être assigné aux créanciers, sur leur demande en séparation de patrimoines, ils doivent passer avant les créanciers de l'héritier, c'est le seul effet qui doive, je crois, résulter de leur demande.

Le droit du porteur de la lettre de change sur la provision, ne peut pas non plus être considéré comme un privilége, c'est un véritable droit de propriété résultant du transport que le tireur a fait de la provision déposée chez le tiré.

Enfin il est encore un droit que l'on range ordinairement parmi les priviléges mais qui en réalité n'en est pas un. Je veux parler du droit de rétention qui ne peut avoir lieu que si l'objet sur lequel il doit s'exercer existe en nature et est encore en la possession du créancier, à la différence des priviléges dont l'effet se résout en une action de préférence sur le prix.

C'est d'abord une grave question de savoir si ce droit s'exerce non seulement vis à vis du propriétaire, mais encore vis à vis des créanciers. Pour soutenir qu'il ne peut être opposé à d'autres qu'au propriétaire, on argumente de la faveur due aux créanciers, surtout aux créanciers hypothécaires dont ce droit peut souvent compromettre les intérêts et sur le § 4° de l'art. 2103, qui, pour accorder un privilége à raison des impenses faites sur un immeuble, exige la publicité de nombreuses formalités, auxquelles on pense que le possesseur devrait être pareillement assujetti afin d'exercer le droit de rétention. D'autre part on s'appuie sur la faveur que mérite un possesseur de bonne foi qui se trouve dépouillé à la fois et de la chose qu'il pouvait considérer comme sienne ou au moins comme son gage, et des impenses qu'il a pu avoir juste raison de faire sur cette chose.

Je crois que l'on doit adopter cette dernière opinion, mais il est nécessaire de faire à ce sujet quelques observations.

Il faut distinguer d'abord le droit de rétention sur les choses mobilières du même droit sur les immeubles; et, dans chacune de ces hypothèses, sous distinguer si celui qui veut exercer ce droit, avait véritablement la possession de la chose, ou s'il n'était pas un salarié chargé par le propriétaire de faire ces impenses et n'ayant qu'une simple détention.

En ce qui concerne les meubles:

1° Le simple salarié chargé des travaux, doit avoir sur les objets qu'il détient un droit de rétention pour toutes ses dépenses, sans aucun égard à leur plus ou moins d'utilité, parce qu'il n'avait pas à faire cet examen qui n'appartenait qu'au propriétaire.

2° Le possesseur n'a ce droit que jusqu'à concurrence de la valeur des matériaux et du prix de la main-d'œuvre ou de la plus value, au choix du propriétaire, sauf le cas où la nature des choses permettrait à celui-ci d'exiger que le possesseur *de mauvaise foi* remît l'objet dégagé de ce que les impenses ont produit. (Arg. art. 555 C. C.)

En ce qui concerne les immeubles :

1° Le simple salarié n'a pas de droit de rétention, puisqu'il ne détient rien ; ses droits sont fixés par l'art. 2103, § 4°.

2° Le possesseur n'a ce droit, pour les dépenses simplement utiles, que jusqu'à concurrence, soit de la valeur des matériaux et du prix de la main-d'œuvre, soit de la plus value, au choix du propriétaire, sauf l'effet du premier paragraphe de l'art. 555 contre le possesseur de mauvaise foi. En ce qui concerne les dépenses nécessaires, je crois qu'il doit être assimilé au conservateur de la chose.

Quant au rang qui doit être attribué au droit de rétention sur les meubles, le salarié doit, comme le voiturier, et par les mêmes raisons qui militent en faveur de celui-ci (V. chap. 12, § 1°, n° 3), être classé parmi les conservateurs de la chose, le possesseur doit être assimilé à un créancier gagiste; et en ce qui concerne les immeubles , le possesseur doit avoir *sur la plus value produite par les impenses*, le même droit que les architectes et entrepreneurs ont sur la plus value produite par leurs travaux.

Toutefois, il faut remarquer que la nature des affaires qui donnent naissance à ce droit ne permet pas d'exiger à son égard les formalités de publicité exigées, soit pour le gage en ce qui concerne les meubles, soit pour les priviléges en ce qui concerne les immeubles ; la possession ou la détention de la part du créancier suffit pour lui assurer la publicité nécessaire.

CHAPITRE SEIZIÈME.

RÉSUMÉ.

Après avoir reconnu que toutes les formalités hypothécaires ne pourraient jamais donner qu'une publicité fort incomplète, tant qu'on ne parviendrait pas à fournir aussi les moyens de connaître la capacité civile des contractants, nous avons vu que le système d'immatricule qui paraît le plus propre à procurer ce résultat, offrirait dans la pratique d'insurmontables difficultés. Le Chapitre 4me indique diverses mesures qui, sans changer l'organisation actuelle, paraissent de nature à donner à cet égard une publicité suffisante pour la sécurité générale. Ainsi : 1° l'énonciation du contrat de mariage dans l'acte de célébration ne lais-

serait plus de place au doute sur l'incapacité
des femmes mariées avec lesquelles on arrê-
terait des conventions ; 2° l'inscription des
droits héréditaires au lieu de l'ouverture de la
succession, ne permettrait plus de craindre
des actions en pétition d'hérédité; 3° l'hypothèque légale des femmes mariées devant être
inscrite après la dissolution de la communauté,
leurs droits ou ceux de leurs héritiers sur les
biens de la communauté devant être rendus
publics, le rétablissement de la communauté,
les droits des créanciers sur les biens d'un
failli non concordataire ou d'un débiteur qui
aurait fait cession de biens, les jugements
emportant privation des droits civils, les sociétés civiles, ainsi que leur dissolution, étant
pareillement soumis à la publicité, les pouvoirs
des tuteurs des incapables pouvant être vérifiés
au greffe de la justice de paix du lieu où la
tutelle s'est ouverte, dissiperaient l'incertitude
que ces diverses circonstances peuvent faire
naître aujourd'hui.

La transcription devenant une formalité
nécessaire pour que les contrats qui contiennent
transmission de droits immobiliers puissent être

opposés aux tiers (Chap. 5ᵉ), on pourrait, ce qui est impossible aujourd'hui, connaître avec certitude si la personne avec qui l'on traite, est véritablement propriétaire de l'immeuble qu'elle veut hypothéquer ou vendre. La publicité, qui ne s'applique aujourd'hui qu'aux hypothèques, s'étendrait aux mutations de propriété.

Les droits des tiers étant ainsi suffisamment garantis au moment de leur formation, le Chap. 8ᵉ contient quelques mesures qui ont pour but d'empêcher qu'on ne puisse porter atteinte à ces droits ainsi régulièrement acquis.

D'après le Chap. 9ᵉ § 1º, les hypothèques légales contre les tuteurs ne seraient plus des hypothèques tacites,—les mineurs auraient des garanties beaucoup plus réelles que celles que leur accorde aujourd'hui le Code, — et les tuteurs ne seraient soumis qu'aux entraves indispensables pour que l'intérêt des mineurs soit en sûreté.

Les hypothèques légales des femmes (même Chap. 9ᵉ § 2º) ne frappant plus sans inscription les biens de la communauté, donneraient aux maris plus de facilité qu'ils n'en ont aujourd'hui,

sans priver les femmes des garanties qui leur
sont justement dues, — et ces hypothèques res-
treintes sur les biens propres des maris, étant
soumises à l'inscription après la dissolution du
mariage, ou la séparation soit de biens, soit
de corps et de biens n'échapperaient pas aux
tiers attentifs.

D'ailleurs les formalités indiquées au chapitre 10ᵉ fourniraient le moyen, non seulement
aux acquéreurs, mais encore aux prêteurs, de
purger les hypothèques non inscrites des femmes sur leurs maris, et il n'y aurait aucune
autre hypothèque dispensée de l'inscription.
Cette mesure permettrait aux tiers de se mettre
à l'abri de tout sujet de crainte, autant que les
femmes ne craindraient pas de voir leurs droits
compromis.

Le Chapitre 11ᵉ traite des mesures transitoires qui pourraient être mises en pratique.

Le reste de ces études a pour objet les Priviléges et la question difficile de leur classification;
le tableau ci-joint présente la synopsie de ce
travail et peut en même temps lui servir de
contrôle.

Ici se borne la tâche que je m'étais imposée

car, ainsi que l'indique mon titre, je n'ai pas
entendu traiter toutes les questions qui se
rattachent au projet de réforme hypothécaire.
Dans une matière aussi difficile et aussi compliquée au milieu des nombreuses imperfections
que j'ai laissé subsister, des erreurs que j'ai dû
commettre, je crois cependant avoir ajouté
quelques mesures utiles à celles qui avaient été
déjà indiquées, et à celles-ci même avoir donné
un classement méthodique dont elles avaient
besoin. C'est ce qui m'encourage à livrer ces
études à la publicité.

NOTE PREMIÈRE

Quelques personnes ont craint que poser une formalité hypothécaire comme condition essentielle de la transmission de propriété ne soit se mettre en contradiction avec l'esprit de notre Code Civil et *le découronner de cette philosophie spiritualiste qui le place si haut au dessus des œuvres de la codification moderne.* (1)

Il paraît que les rédacteurs du Code ne voyaient pas dans cette formalité une antinomie inconciliable avec leurs principes généraux, autrement ils ne l'auraient pas exigée pour les donations (art. 939 et suivants), et quant à cette *couronne de spiritualisme* que l'on accorde si facilement aux membres du Conseil d'état et du tribunat de 1803 et 1804, il me semble qu'on se trompe d'époque. Si l'on parlait de spiritualisme de l'assemblée constituante quand elle proclamait les droits de l'homme, par exemple, je pourrais mieux le comprendre. Mais après la République, quand Bonaparte était

(1) Cour de Bordeaux, Documents relatifs au Régime hypothécaire publié par M. le Ministre de la Justice t. 1. p. 206.

déjà consul à vie et allait bientôt après être empereur, la force matérielle semblait au contraire réagir sur tous les points contre ces utopies dont on venait de faire de si malheureux essais. A ce moment on voulait à tout prix sortir de ces théories qui n'avaient laissé derrière elles que des ruines. La révolution avait beaucoup détruit, tout ébranlé, il s'agissait de reconstruire, et avec son puissant génie aussi admirable au Conseil d'état que sur le champ de bataille, Napoléon avait bien compris qu'après la lutte acharnée qui venait de se passer, ce n'était que par des concessions des deux côtés qu'il était possible de rétablir l'équilibre et le bon ordre. Aussi toutes les pages de notre Code sont-elles empreintes de cet esprit de conciliation entre les coutumes du passé et les besoins du présent, entre l'ancien régime absolu et cet esprit de liberté qui venait de déborder malgré tous les obstacles, et auquel il fallait tracer son lit : le principe philosophique posé dans les art. 711 et 1583 est le résultat d'une de ces concessions, mais il ne faut pas l'étendre outre mesure, faire dire à ces articles autre chose que ce qu'ils disent en effet, et parce qu'ils ont apporté d'importantes modifications aux anciens principes, aller jusqu'à croire qu'ils ont introduit des principes entièrement opposés.

Il faut chercher la pensée de nos législateurs dans l'art. 958, qui déclare que la propriété des objets donnés est transférée au donataire par le seul consentement, sans qu'il soit besoin de tradition, et qui est immédiatement suivi d'articles qui exigent la transcription du contrat pour qu'il puisse être opposé aux tiers: dans l'art. 1165, qui décide que *les conventions n'ont d'effet qu'entre les parties contractantes ; qu'elles ne nuisent point aux tiers, et qu'elles ne lui profitent que dans le cas prévu par l'art. 1231 ;* dans l'art. 1583, qui ne demande que le consentement pour que la vente soit parfaite *entre les parties*, et pour que la propriété soit acquise de droit à l'acheteur *à l'égard du vendeur*, etc. Evidemment le Code a voulu éviter la formalité matérielle de la tradition avec les symboles et les subtilités que ce principe, souvent assez mal approfondi, avait amenés à sa suite ; mais jusqu'au titre des hypothèques, rien ne prouve que ses rédacteurs aient entendu faire subir aux tiers tous les effets des conventions, de ces espèces de lois privées (art. 1134), sans qu'elles soient soumises, comme toutes les lois en général, à une publicité nécessaire ; tous les textes qui viennent d'être cités démontrent le contraire ; et lors de la rédaction du titre des hypothèques, il n'a été dérogé à ces principes que par suite d'une espèce d'*escamotage*, pour me servir de l'énergique expression de M. Troplong.

La tradition est une formalité nécessaire dans un

certain état de la société. Quand une ignorance générale s'oppose à ce que les actes soient la plupart du temps rédigés par écrit, la preuve testimoniale est presque toujours la seule qui puisse être invoquée pour attester leur existence. Mais le souvenir des hommes est fugitif et infidèle. Si, après un certain nombre d'années, les personnes appelées pour assister à la convention devaient rendre témoignage de ce qui s'est passé alors, leur souvenir sur le consentement donné par les parties, sur les mots qui ont exprimé ce consentement, serait souvent obscurci, quelquefois entièrement effacé. Leur mémoire a dû rester bien plus fidèlement frappée d'un fait qui s'est passé sous leurs yeux, et d'ailleurs ce fait a dû laisser des traces qu'il n'est probablement pas impossible de retrouver. Aussi voyons-nous la tradition universellement établie chez tous les peuples dont l'état de société est encore peu avancé. Nous la trouvons chez toutes les tribus sauvages. Elle existait dès le temps d'Abraham (Gen. cap. 23). Nous retrouvons le même usage établi au berceau d'Athènes et de Rome. Il se reproduit avec plus de vigueur que jamais au moyen-âge, quand l'usage de la preuve écrite devint de nouveau très rare, et il est si vrai que toutes les formalités de la tradition avaient pour but de graver d'une manière ineffaçable dans la mémoire des

témoins le fait de la convention accomplie, que parmi ces formalités, on trouve l'obligation d'amener sur le lieu de la tradition, avec les témoins, un nombre égal d'enfants auxquels l'acheteur devait donner des soufflets et tirer les oreilles, pour qu'ils pussent rendre témoignage dans la suite. « Si quis villam aut vineam
» vel quamlibet possessiunculam ab alio comparaverit
» et testamentum accipere non potuerit, si mediocris
» res est, cum sex testibus, et si parva cum tribus,
» quòd si magna cum duodecim, ad locum traditionis,
» cum totidem numero pueris, accedat, et sic, præ-
» sentibus eis, pretium tradat, et unicuique de par-
» vulis alapas donet et torqueat auriculas, ut ei in
» postmodum testimonium præbeant. » (*Lex Ripuar. tit. 60 de traditionibus et testibus adhibendis.*)

Il est vrai qu'à Rome, à une époque où toutes les conventions pouvaient facilement être rédigées par écrit, et où par conséquent, les formalités de la tradition n'étaient plus indispensables, elles furent cependant conservées dans toute leur rigueur. Mais cela tient à deux causes qui ne devaient exercer aucune influence sur les rédacteurs de notre Code Civil. La première provenait de l'attachement des Romains pour leurs anciennes lois, attachement poussé à un tel point qu'ils les laissaient même subsister, quand ils avaient annullé, contredit tous leurs effets par le droit honoraire. La seconde tenait à la tournure d'esprit de leurs jurisconsultes, qui ayant tous étudié la philosophie autant que le droit, et imbus, pour la plupart, des principes du stoïcisme, s'efforçaient d'apporter dans l'étude du droit toute la rigueur de la logique du Portique. Jurisconsultes philosophes, ils distinguaient dans l'homme le corps et l'intelligence, ils divisaient toutes les actions humaines en deux catégories, les faits intellectuels ou les pensées, et les faits matériels ou se produisant sur un corps. Une convention quelle qu'elle soit, si elle n'est appuyée d'aucune formalité extérieure ne peut être que l'expression d'un fait intérieur; par là l'intelligence d'un homme s'est mise en rapport avec celle d'un autre homme, rien de plus; et toutes les fois que la nature du contrat ne demande pas autre chose, il est valable et parfait sans qu'il soit besoin d'aucune autre formalité. Par exemple, un homme peut prendre une obligation envers un autre, sans qu'il soit besoin d'autre chose que du rapport et de la conformité de leurs pensées réciproques. Aussi les jurisconsultes romains n'exigent-ils pour la perfection des *obligations*, rien de plus que le *consentement*. Mais quand il est question de transférer la propriété, ce n'est plus assez, comme dans les obligations, de l'accord de deux intelligences, il faut agir sur cet objet matériel dont la propriété va changer de main (1) et pour que le *consentement* qui n'a encore donné lieu qu'à une simple *obligation*, passe dans l'ordre des *faits matériels*, il faut qu'il se produise par un *fait matériel*, de là, nécessité de la tradition.

Ces considérations devaient-elles déterminer les rédacteurs du Code à continuer d'admettre cette formalité? Evidemment non. Tous les contrats peuvent si facilement être rédigés par écrit que l'art. 1341 en a fait une obligation générale. Les lois romaines ne devaient exercer sur eux qu'une influence bien affaiblie, et quant à cette philosophique distinction établie par les jurisconsultes romains, bonne peut-être à conserver dans les écoles, elle pouvait sans danger, elle devait être écartée d'un corps de lois qui n'enseigne pas mais ordonne. Nos législateurs ont donc bien fait de se dégager des solennités et des symboles de la tradition, mais devaient-ils aller jusqu'à rendre les contrats tellement inattaquables par l'effet du seul consentement des parties, que cette disposition pût fournir l'occasion d'une foule de fraudes et laisser les tiers victimes de conventions qu'ils n'ont pu connaître? C'est ce qui n'était pas possible, et c'est ce qu'ils ont voulu éviter par la rédaction des divers articles cités

(1) In manum convenire.

au commencement de cette note; il est à regretter qu'une imprévoyance funeste leur ait fait abandonner ces principes quand ils en sont venus au titre des hypothèques.

Les adversaires de la formalité de la transcription considérée comme nécessaire pour rendre la vente opposable aux tiers, objectent que *l'on ne peut à la fois être et n'être pas propriétaire, et que le vendeur qui, par le contrat de vente est déjà dessaisi de la propriété, ne peut pas même, avant la transcription de ce contrat, transférer des droits qu'il n'a plus.*

Mais de cet argument doit-on conclure que la loi ne peut pas imposer aux mutations de propriété certaines formes qui doivent être suivies pour éviter les erreurs et les fraudes, et jusqu'à l'accomplissement desquelles une partie des effets de la convention arrêtée entre les parties reste en suspens.

Deux acquéreurs sont en présence, l'un a un titre antérieur à l'autre, mais le contrat est resté secret, aucune formalité hypothécaire n'ayant été remplie qui puisse en donner connaissance aux tiers; le titre du second est postérieur, il est vrai, mais il a rempli toutes les formalités nécessaires pour arriver à une publicité suffisante, et rien n'a pu le mettre en garde contre la convention arrêtée avant la sienne. De ces deux acquéreurs l'un doit éprouver un préjudice, lequel doit le supporter de celui qui a négligé de donner à son contrat une publicité nécessaire, ou de celui qui dans l'ignorance de la convention antérieure, ignorance invincible et occasionnée par la négligence du premier acquéreur, a pu traiter de bonne foi avec le vendeur? La réponse peut-elle être un instant douteuse? le premier acquéreur ne doit-il pas subir les conséquences de sa négligence, quand le second n'a aucune faute à se reprocher? et la loi ne peut-elle pas, ne doit-elle pas, imposer aux conventions que font entre eux les particuliers des *solennités* suffisantes pour que les tiers soient à l'abri de la fraude? La transcription ne serait pas autre chose qu'une *solennité* exigée pour la perfection du contrat qui, jusqu'à son accomplissement, reste inconnu et par conséquent non opposable aux tiers.

Le Code Civil a rejeté la nécessité de la tradition, et avec juste raison : la rétablir serait faire un pas rétrograde ; mais on est loin de demander ce rétablissement. Il s'agit de ne pas aller d'un excès à l'autre. En supprimant la formalité de la tradition, il faut cependant imposer aux conventions les solennités nécessaires pour qu'elles puissent 1° être prouvées entre les parties contractantes, 2° se manifester aux tiers afin que personne ne soit trompé. Admettre le consentement comme seul nécessaire pour la perfection des conventions, est en effet un principe tout spiritualiste, mais à cause de cela même, la loi doit le soumettre à quelques restrictions nécessaires, car les conventions viennent presque toutes aboutir à un objet matériel qui doit aussi être pris en considération. S'obstiner à n'admettre dans les contrats qui se forment par le consentement, mais qui agissent sur un objet matériel, qu'un principe exclusivement spiritualiste, c'est n'avoir égard qu'à une seule partie de ce qui les constitue, et négliger le surplus ; c'est vouloir lutter contre la nature des choses.

NOTE DEUXIÈME

Peut-on espérer d'obtenir une publicité bien certaine, si on continue d'admettre à recevoir les formalités hypothécaires les actes sous signatures privées contenant des transmissions immobilières?

Examinons d'abord 1° si la loi du 11 Brumaire an VII autorisait la transcription de ces actes; 2° si l'on a eu raison d'admettre que cette autorisation existait sous le Code Civil?

En ce qui concerne la loi de l'an VII, si nous consultons la jurisprudence, les actes sous signatures privées peuvent être transcrits. La Cour de Cassation a deux fois jugé en ce sens, les 23 Messidor an X et 27 Nivose an XII. (Devill. Collect. Nouv.) Cependant, malgré tout le respect qui est dû aux décisions de la Cour Suprême, l'opinion contraire me paraît préférable. Je crois ainsi mieux rentrer dans l'intention du législateur, et je m'appuie en outre sur le texte même de la loi qui, après avoir ordonné par l'art. 26 que jusqu'à la transcription les actes translatifs de

13

droits immobiliers ne pourraient être opposés aux tiers qui auraient contracté avec le vendeur, ajoute dans l'article suivant que « le conservateur certifie » au bas de *l'expédition* qu'il rend à l'acquéreur la › transcription qu'il en a faite. » Le législateur suppose donc qu'il serait toujours remis une *expédition* au bureau des hypothèques, et il n'y a *d'expédition* que des actes *authentiques*, aussi l'opinion contraire à celle de la Cour de Cassation avait-elle été d'abord adoptée par une décision du Ministre de la Justice en date du 25 Nivose an VIII.

La loi de l'an VII, dont toutes les dispositions tendaient à obtenir une publicité aussi grande que possible, devait, par les raisons que nous allons développer tout à l'heure, écarter les actes sous signatures privées des registres des hypothèques. On vient de voir que le Gouvernement avait aperçu cette nécessité ; mais sortant d'un système hypothécaire où la publicité n'existait pas, les magistrats, qui n'ont pas l'habitude de voir les choses d'aussi haut que le législateur, n'ont pas, je crois, pénétré assez avant dans ses intentions, et ont adopté une opinion que les principes sur lesquels cette loi repose, auraient dû faire rejeter.

Sous le Code Civil, la publicité n'étant pas exigée pour tous les actes, et la transcription des contrats

translatifs de propriété n'étant plus que facultative,
la question perdait toute son importance. En effet,
dès que la transcription n'était plus un moyen réel
de publicité, mais simplement une forme de procédure, on pouvait, sans grand inconvénient, permettre
de faire transcrire les actes sous signatures privées
aux tiers détenteurs, dont les contrats n'ont pas même
besoin de la transcription pour leur validité intrin-
sèque ; et l'avis du Conseil d'État du 12 Floréal an XIII
n'a laissé aucun doute sur ce point.

Mais aujourd'hui, si l'on change le système du Code
Civil et si la transcription est destinée à devenir un
moyen de publicité auquel les tiers doivent avoir
confiance, est-il à propos d'admettre à la transcription
des actes sous signatures privées, à moins qu'ils ne
soient reconnus et déposés devant notaire ?

Je pense que non, et les principes adoptés par le
Code Civil même viennent à l'appui de mon opinion.

En effet, toutes les fois qu'il exige une formalité
hypothécaire comme un moyen de publicité indispensable, afin d'avertir les tiers qu'aucun droit postérieur
ne pourra être acquis au préjudice de la convention
ainsi publiée, le Code exige un acte authentique. Les
hypothèques ne peuvent être consenties que par acte
passé en forme *authentique* devant deux Notaires ou
devant un Notaire et deux témoins (art. 2127).

Pour les radiations d'inscriptions, ceux qui les requièrent doivent déposer *l'expédition* de l'acte *authentique* portant consentement ou celle du jugement (art. 2158). Seuls les actes sous signatures privées, contenant transmission d'immeubles, peuvent être transcrits ; mais par la raison que j'ai ci-dessus expliquée, parce que, à la différence de l'hypothèque qui n'a d'effet contre les tiers que par l'inscription, le contrat de vente, dans le système du Code Civil, peut leur être opposé sans qu'il soit besoin d'aucune formalité hypothécaire, et qu'ainsi la transcription n'est plus qu'une forme de procédure pour arriver à la purge.

En ce qui concerne les formalités nécessaires pour qu'un acte acquière la publicité à l'égard des tiers, le Code a été si loin d'admettre les actes sous signatures privées, qu'un cessionnaire de droits incorporels n'est saisi à l'égard des tiers que par une signification (qui doit être faite par un officier ministériel donnant l'authenticité à ses actes), ou par l'acceptation du transport faite par le débiteur *dans un acte authentique* (art. 1690).

Enfin l'art. 1528 exige que les actes sous signatures privées, qui contiennent des conventions synallagmatiques, soient faits en autant d'originaux qu'il y a de parties ayant un intérêt distinct, et la raison en

est évidente, c'est qu'il ne faut pas qu'un des contractants possède seul le titre dont tous peuvent avoir
besoin et dont l'exécution resterait ainsi à la merci
d'un seul. Mais les actes qui ont besoin, pour leur
entière validité, des formalités hypothécaires, sont,
par l'accomplissement de ces formalités, rendus,
pour ainsi dire, communs à tout le monde, puisque
chacun est ensuite forcé d'y avoir égard, tandis
qu'auparavant ils n'avaient d'effet qu'entre les parties
contractantes (1). Il faut donc que chacun soit assuré
que ces actes pourront toujours être retrouvés, et que
des détenteurs de mauvaise foi ne feront pas tour
à tour apparaître et disparaître des actes dont la
vérification est souvent nécessaire, tandis qu'ils
pourraient ainsi rester introuvables. Le seul moyen
d'éviter ce grave inconvénient est d'exiger que tous
ces actes soient passés en forme authentique ou reconnus et déposés devant notaire; et j'ajouterais
encore qu'ils doivent toujours garder minute, si je
ne pensais pas qu'aucun acte contenant des conventions synallagmatiques ne peut être reçu en brevet.
(Loi du 25 Ventose an XI, art. 20.)

A ces considérations, il faut ajouter que, si en
ce qui ne touche en rien à l'intérêt public, chacun

(1) Voir la Note 1re.

doit rester maître de diriger ses affaires comme bon lui semble, il ne faut pas que cette liberté s'étende jusqu'à compromettre les droits des tiers. Or, tous les jours, des actes rédigés, soit par des gens sans instruction, soit par des agents d'affaires mal intentionnés ou malhabiles, ne contiennent que des espèces d'énigmes, qui sont plus tard soumises à l'interprétation des tribunaux, sous prétexte qu'ils doivent renfermer une vente ou quelque autre convention. Tant que les inconvénients de ces actes ne doivent retomber que sur ceux qui les ont faits, il n'y a rien à dire ; mais subordonner les droits des tiers aux fâcheuses conséquences qui peuvent en résulter, c'est aller trop loin. En vain dira-t-on que *la disposition proposée est contraire à la liberté civile, ainsi qu'à la liberté naturelle des transactions* (1)....... Ce n'est attenter à la liberté de personne que d'empêcher de nuire à autrui, et dans un état de société bien organisé, ce n'est pas attenter à la liberté naturelle des transactions que d'empêcher une cause incessante de procès et de malheurs.

Tous les actes que la loi n'astreint à aucune solen-

---

(1) Cour de Cassation. — Documents relatifs au Régime Hypothécaire, publiés par M. le Ministre de la Justice. T. 1er, p. 116.

nité particulière peuvent être rédigés sous signatures privées ou dans la forme authentique, comme il convient aux parties contractantes, et sous l'une et l'autre forme ils sont valables entre elles, mais en ce qui touche l'intérêt des tiers, la loi peut toujours les assujettir aux solennités nécessaires pour que ces intérêts ne puissent être compromis. En agissant ainsi, le législateur, loin d'excéder ses pouvoirs ne fait qu'un acte de justice et de bonne administration. Pour lui refuser ce droit, il faudrait lui refuser aussi celui d'assujettir certains contrats, pour leur validité à l'égard des tiers, à la formalité de la transcription. Cette dernière question a été traitée sous la note qui précède.

Au surplus cette disposition produirait moins de changements qu'on ne le suppose, il n'y a qu'un nombre infiniment restreint de contrats translatifs de propriété qui ne soient pas ou passés ou reconnus devant notaires, et à l'égard de ceux même que l'on soustrait à cette formalité, elle ne ferait guère que tarir une des principales sources des procès qui inondent les tribunaux.

A la vérité un vendeur de mauvaise foi, pendant qu'on le poursuit en reconnaissance d'écriture, pourrait vendre une seconde fois le même immeuble à un tiers qui ferait transcrire son contrat, avant

que celui du premier acquéreur ait pu être présenté
à la formalité, mais le droit de prénotation accordé
aux demandes en reconnaissance d'écriture pour les
actes qui doivent être inscrits au bureau des hypothèques, écarte suffisamment ce danger. (V. Chap. 8,
§ 6°.)

NOTE TROISIÈME

D'après le Code, les femmes mariées peuvent, par acte et sous signatures privées, souscrire des obligations dans l'intérêt de leurs maris ou consentir la vente de leurs biens propres, sous la seule autorisation maritale. Cet état de choses peut faire craindre que les maris n'abusent quelquefois de leur influence pour contraindre leurs femmes à souscrire des actes qui causent à celles-ci un préjudice souvent irréparable. Ce sujet de crainte serait considérablement diminué si ces actes ne pouvaient être passés que sous forme authentique et en la présence réelle des notaires.

Cette considération pourra, aux yeux de quelques personnes, ne pas paraître déterminante ; mais il en est une autre plus puissante encore pour décider à adopter le parti que je propose.

En effet, ces actes sous signatures privées peuvent souvent ne pas avoir date certaine. Les personnes avec lesquelles ils sont passés, invoquant les art. 1522 et 1328 contre la femme qui les a signés, peuvent les faire considérer comme portant réellement la date qu'ils indiquent. Mais les autres créanciers du mari, en vertu de ces mêmes articles, peuvent prétendre que ces actes ne fassent foi contre eux qu'à partir de l'époque où ils ont acquis date certaine, et c'est seulement à cette époque que la femme acquiert hypothèque. Dans l'intervalle le mari s'est peut-être ruiné, et la femme qui lorsqu'elle a passé les actes pouvait compter sur une garantie assurée se trouve ne plus avoir qu'un recours illusoire. On éviterait tous ces inconvénients à l'aide du moyen que j'indique, et qui rentre, en grande partie, dans les idées développées sous la note précédente.

CLASSIFICATION DES PRIVILÉGES

La Colonne verticale, placée à gauche, indique les différentes espèces de Priviléges; — la Colonne horizontale, tirée au sommet du Tableau, donne l'indication des différents objets auxquels les Privilèges peuvent s'appliquer; — au point d'intersection de ces deux Colonnes, un chiffre le Nombre du rang que doit tenir chacun des divers Privilèges.

DÉSIGNATION DES DIVERSES ESPÈCES DE PRIVILÈGES	PRIX de VENTE d'APPAREILS MOBILIER	GAGES	MEUBLES garnissant le logement	LOYERS et REVENUS des Immeubles	SOMMES dues pour l'État en Travaux Publics	FOURNISSEMENT	...	...	...	...	...	LÉGATAIRES	ACTIONS	PRÊT	...	...	...	MEUBLES Immeubles	Immeubles	Plus Values	Plus Values	MOYENS CONSTITUÉS
Frais de Justice faits dans l'intérêt de la chose	1	..	1	1	1	1	1	1	1	1	1	1	1	1	1	1	1	1	1	1	1	1
Contribution Foncière	..	..	..	2	2	..	..	..	..	..	..	..	..	..	..	..	..	..	..	..	..	..
Contribution Mobilière, des Portes et Fenêtres	2	2	2	3	3	2	2	2	2	2	2	2	2	2	2	..	..	..	..	..	..	..
Frais faits pour empêcher la chose de périr	3	3	3	4	4	3	3	3	3	3	3	3	3	3	3	2	2	2	2	2	..	2
Sommes dues pour les Semences ou les frais de Récolte	..	..	..	5	..	..	..	..	..	..	..	..	..	..	..	..	..	..	..	..	..	..
Loyers, Fermages et conditions des baux	..	..	4	6	..	..	..	..	..	..	..	..	..	..	..	..	..	..	..	..	..	..
Aubergiste (1)	4	4	..	..	..	..	..	..	..	..	..	..	..	4	..	..	..	..	..	..	..	..
Voiturier (2)	5	5	..	..	..	..	..	..	..	..	..	..	..	5	..	..	..	..	..	..	..	..
Droits de Pilotage, Tonnage, Cale, Amarrage et Bassin du Avant-Bassin	..	..	..	..	..	..	..	..	..	..	..	4	..	..	..	..	..	..	..	..	..	..
Gages des Gardiens et Frais de Garde du Navire, depuis son entrée dans le Port	..	..	..	..	..	..	..	..	..	..	..	4	..	..	..	..	..	..	..	..	..	..
Loyers des Magasins où se trouvent déposés les Agrès et Apparaux	..	..	..	..	..	..	..	..	..	..	..	4	..	..	..	..	..	..	..	..	..	..
Frais d'entretien du Bâtiment et de ses Agrès et Apparaux depuis son entrée dans le Port	..	..	..	..	..	..	..	..	..	..	..	4	..	..	..	..	..	..	..	..	..	..
Frais d'entretien du Bâtiment et de ses Agrès et Apparaux pendant le dernier voyage	..	..	..	..	..	..	..	..	..	..	..	4	..	..	..	..	..	..	..	..	..	..
Sommes prêtées au Capitaine pour la pension du Bâtiment pendant le dernier voyage	..	..	..	..	..	..	..	..	..	..	..	5	..	..	..	..	..	..	..	..	..	..
Gages et Loyer du Capitaine et autres de l'équipage employés au dernier voyage	..	..	..	..	..	..	..	..	..	..	..	5	..	..	..	..	..	..	..	..	..	..
Montant de la Contribution par suite de jet à la mer	..	..	..	..	..	..	..	..	..	..	..	4	6	..	..	..	..	..	..	..	..	..
Avaries	..	..	..	..	..	..	..	..	..	..	..	4	6	..	..	..	..	..	..	..	..	..
Loyers des Matelots	..	..	..	..	..	..	..	..	..	..	..	6	4	..	..	..	..	..	..	..	..	..
Frais Funéraires	6	6	5	7	5	4	4	4	4	4	4	7	5	5	7	3	3	3	3	3	3	3
Frais de la dernière Maladie	7	7	6	8	6	5	5	5	5	5	5	8	6	6	8	4	4	4	4	4	..	4
Salaires des Gens de Service	8	8	7	9	7	6	6	6	6	6	6	9	7	7	9	5	5	5	5	5	..	5
Fournitures de Subsistances faites au Débiteur et à sa Famille	9	9	8	10	8	7	7	7	7	7	7	10	8	8	10	6	6	6	6	6	..	6
Droits du Timbre	10	10	9	11	9	8	8	8	8	8	8	11	9	9	11	..	..	..	..	..	..	..
Droits de Mutation après Décès	11	11	10	12	10	9	9	9	9	9	9	12	10	10	12	7	7	7	7	7	..	7
Contributions Indirectes (1)	12	12	11	13	11	10	10	10	10	10	10	13	11	11	13	..	..	..	..	..	..	..
Droits de Douanes	13	13	12	14	12	11	11	11	11	11	11	14	12	12	14	..	..	..	..	..	..	..
Créances promeutes entre les Notaire, Agents de Change, Courtiers de Commerce, Greffiers, Huissiers et Commissaires-Priseurs, par suite de l'exercice de leurs fonctions	..	..	..	..	..	..	12	..	..	..	..	..	..	..	..	..	..	..	..	..	..	..
Frais de Justice Criminelle, Correctionnelle et de Police	14	14	13	15	13	12	12	13	12	12	12	15	13	13	15	8	8	8	8	8	8	8
Réparations civiles et Frais avancés par la Partie Civile	..	..	..	..	..	..	13	..	..	..	..	..	..	..	..	..	..	..	..	..	..	..
Amende des Condamnés en matière Criminelle et Correctionnelle	..	..	..	..	..	..	14	..	..	..	..	..	..	..	..	..	..	..	..	..	..	..
Jetons des Comptables du Trésor Public	15	15	14	16	14	13	14	15	13	13	13	16	14	14	16	9	..	..	..	..	..	..
Débets des Comptables du Trésor de la Commune	16	16	15	17	15	14	14	15	16	14	14	14	17	15	15	17	10	..	..	..	..	..
Débets des Comptables des Établissements Publics	..	..	..	..	..	..	..	15	..	..	..	..	..	..	..	..	..	..	..	..	..	..
Frais de Inspection du Conservateur du Privilège, d'Inscription de ces paiements dans les Bureaux, d'Apposition de Scellés, d'Inventaire et d'Apposition de Taxe	..	..	..	..	..	..	..	..	15	..	..	..	..	..	..	..	..	..	..	..	..	..
Débets des Receveurs de la Ville de Paris	..	..	..	..	..	..	..	..	..	15	..	..	..	..	..	..	..	..	..	..	..	..
Architectes, Entrepreneurs, Maçons et autres Ouvriers employés pour édifier, construire ou réparer des Bâtiments, Canaux et autres Ouvrages	..	..	..	..	..	..	..	..	..	..	..	..	..	..	..	..	9	11	9	..	..	..
Fournisseurs de Denrées aux Architectes, Entrepreneurs, Maçons et autres Ouvriers employés pour édifier, construire ou réparer des Bâtiments, Canaux et autres Ouvrages	..	..	..	..	..	..	..	..	..	..	..	..	..	..	..	..	9	11	9	..	..	..
Sous-Traitants de Travaux entrepris pour le compte de l'État	..	..	..	..	..	15	..	..	..	..	..	..	..	..	..	..	..	..	..	..	..	..
Concessionnaires pour le Dessèchement d'un Marais	..	..	..	..	..	..	..	..	..	..	..	..	..	..	..	..	..	..	9	..	..	..
Auteurs de Fonds pour l'Exploitation d'une Mine	..	..	..	..	..	..	..	..	..	..	..	..	..	..	..	..	..	..	..	9	..	9
Prix de Vente d'Immeuble	..	..	..	..	..	..	..	..	..	..	..	..	..	..	..	..	10	12	10	10	10	..
Soulté d'Échange	..	..	..	..	..	..	..	..	..	..	..	..	..	..	..	..	10	12	10	10	10	..
Charges des Donations	..	..	..	..	..	..	..	..	..	..	..	..	..	..	..	..	10	12	10	10	10	..
Bailleurs de Fonds pour l'Acquisition d'un Immeuble	..	..	..	..	..	..	..	..	..	..	..	..	..	..	..	..	10	12	10	10	10	..
Garanties des Partages et Soultes ou Retours de Lots	..	..	..	..	..	..	..	..	..	..	..	..	..	..	..	..	10	12	10	10	10	..
Vendeur d'Effets Mobiliers	17	..	16	18	..	..	..	..	..	..	..	..	..	..	..	..	..	..	..	..	..	..
Cessation Cégale	..	17	..	..	..	..	..	..	..	..	..	..	..	..	..	..	..	..	..	..	..	..
Sommes dues au Vendeur, au Fournisseur et Employé à la Construction d'un Navire, etc.	..	..	..	..	..	..	..	..	..	..	..	..	..	18	..	..	..	..	..	..	..	..
Sommes prêtées à la Grosse sur le Corps, Quille, Agrès, Apparaux, pour Radoub, Victuailles, Armement et Équipement avant le départ du Navire	..	..	..	..	..	..	..	..	..	..	..	..	..	19	..	..	..	..	..	..	..	..
Montant des Primes d'Assurance faites sur le Corps, Quille, Agrès, Apparaux, et sur l'Armement et Équipement du Navire du pour le dernier voyage	..	..	..	..	..	..	..	..	..	..	..	..	..	19	..	..	..	..	..	..	..	..
Dommages-Intérêts dus aux Affréteurs pour le défaut de délivrance des Marchandises qu'ils ont chargées, ou par l'ordonnance du rendus mobilier par fautes Marchandises par le Prix de l'explosion ou de l'Équipage	..	..	..	..	..	..	..	..	..	..	..	..	..	20	..	..	..	..	..	..	..	..
Capitaine de Navire pour le Fret	..	..	..	..	..	..	..	..	..	..	..	..	..	..	16	..	..	..	..	..	..	..
Facteurs de la Halle de Paris	..	..	..	..	..	..	..	..	..	..	..	..	..	15	..	..	..	..	..	..	..	..
Bailleurs de Fonds du Cautionnement des Fonctionnaires publics	..	..	..	..	16	17	16	16	16	..	..	..	..	..	..	..	..	..	..	..	..	..
Commissionnaires	..	..	..	..	..	..	..	..	..	..	..	..	..	18	..	..	..	..	..	..	..	..

(1) Voir le chapitre 10ᵉ, première catégorie, § 1ᵉʳ, nᵒˢ 3 à 5.   (2) Voir le chapitre 10ᵉ, première catégorie, § 1ᵉʳ, nᵒ 2, § 2ᵉ, nᵒ 2, nᵒ 2, etc. colonne.   (3) Voir, pour la Séparation des Patrimoines du Défunt et de l'Héritier, et pour le Droit de Rétention, le chapitre 10ᵉ.

TABLE DES CHAPITRES

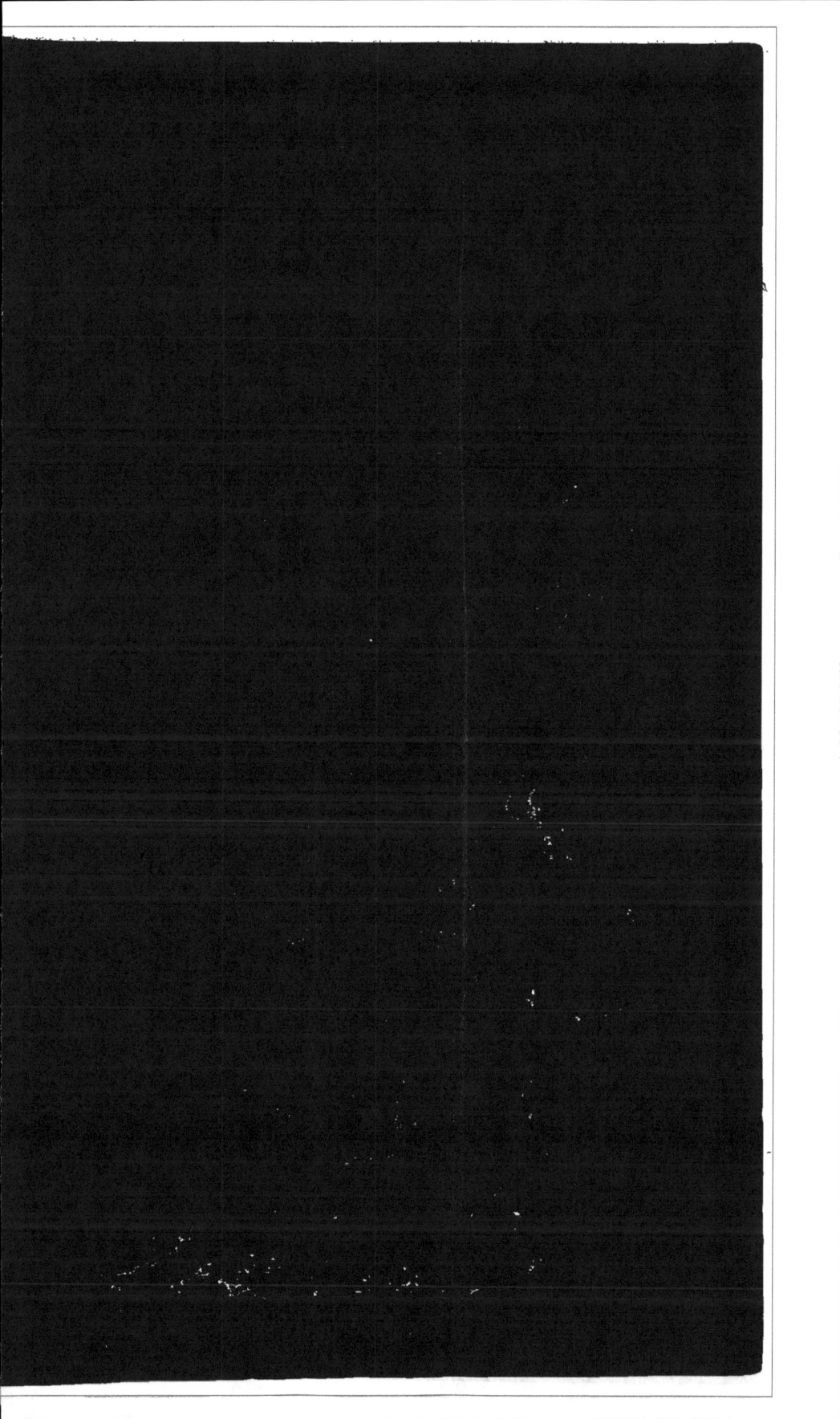

BIBLIOTHEQUE NATIONALE DE FRANCE

3 7531 03657841 8

www.ingramcontent.com/pod-product-compliance
Lightning Source LLC
Chambersburg PA
CBHW072305210326
41519CB00057B/2795